CARPACCIO
LA GRANDEUR DE VENISE

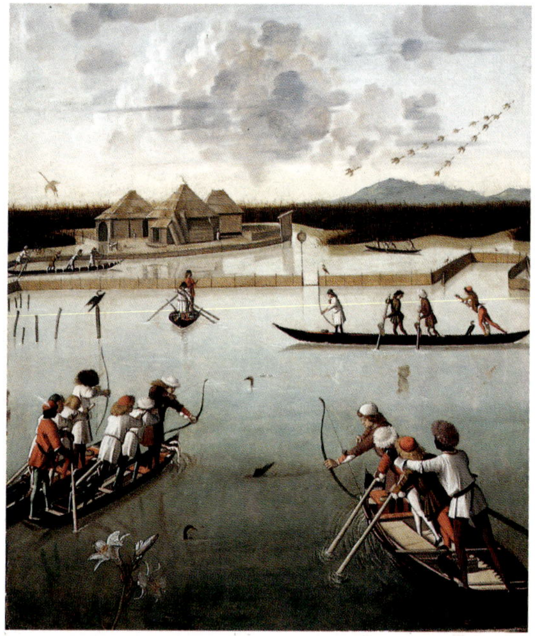

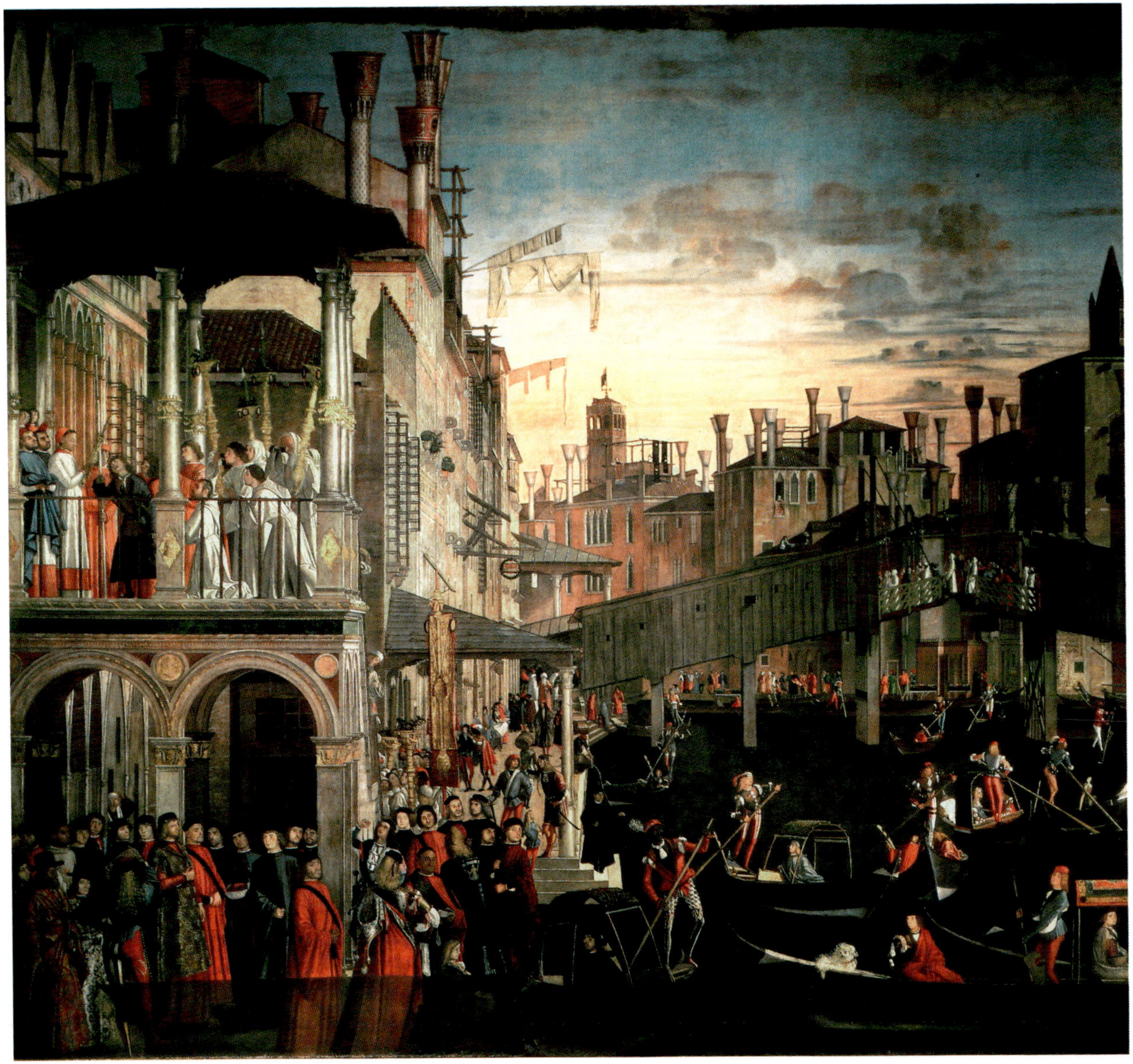

Un miracle de la relique de la Vraie Croix, 1494.

CARPACCIO
LA GRANDEUR DE VENISE

Philippe Guillemet

HERSCHER

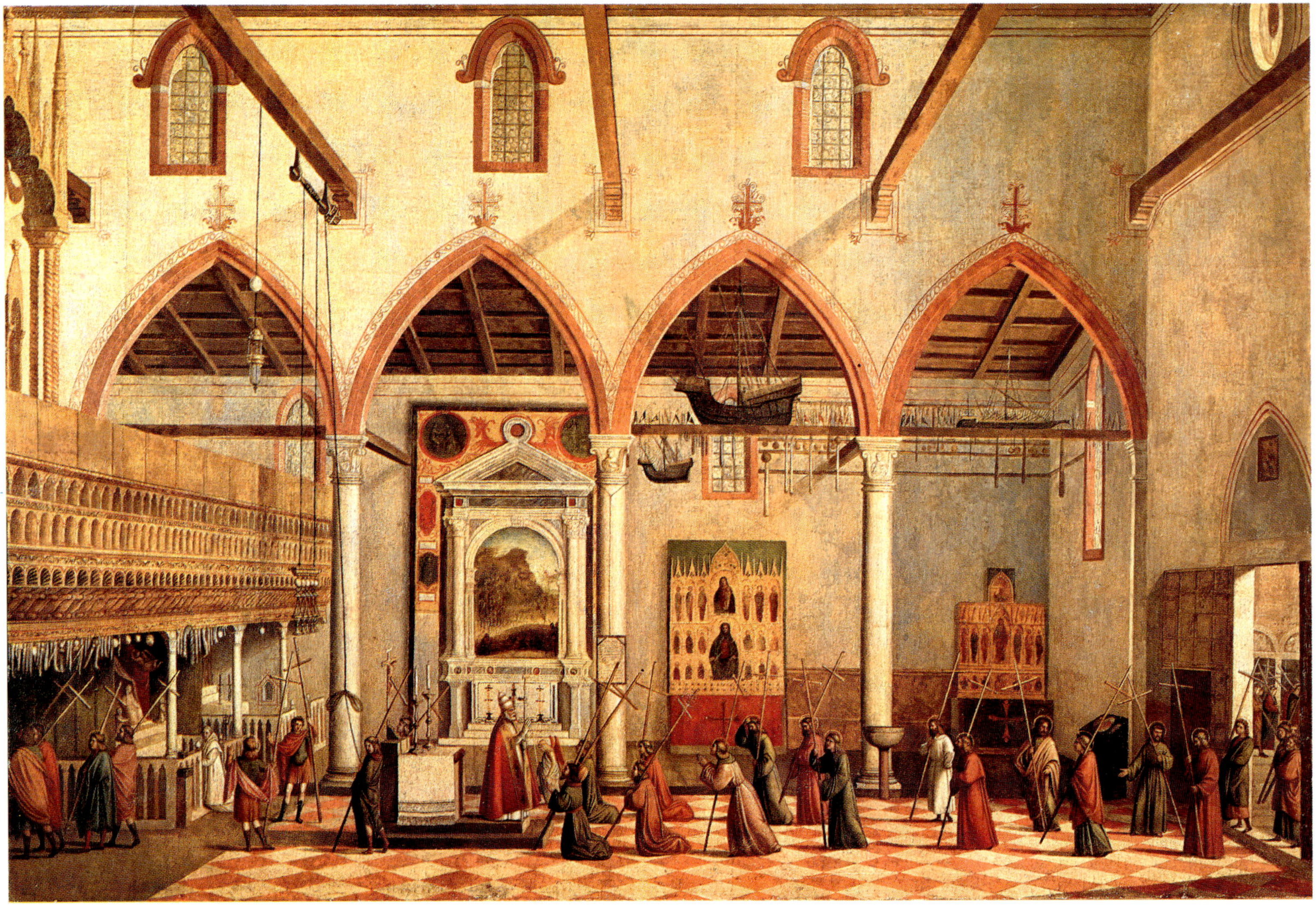

La procession des martyrs du mont Ararat dans l'église de San Antonio di Castello, vers 1515.

INTRODUCTION

A cet instant Venise, offrant au monde l'image luxuriante de ses palais somptueusement décorés, de son commerce florissant et de ses fêtes insolentes, est une ville riche. Dans cette seconde moitié du XVe siècle (ou *Quattrocento*), le monde entier envie à Venise cette alchimie rare d'avoir synthétisé l'Orient et l'Occident, matérialisé cet épanouissement unique s'étalant, au gré des entreprises, sur la totalité des pourtours de la Méditerrannée.

La cité des Doges est une république – la République de Saint-Marc – vivant un moment de trêve guerrière, accueillant sur les rives de ses canaux de multiples ambassades et un foisonnement festif d'institutions civiles et religieuses. Instantané de réussite politique et sociale, qui, malgré la vigilance d'un Sénat éclairé, va bientôt sombrer – fragilité du décor – dans une décadence lente mais irrémédiable.

Vittore Carpaccio est né là. La famille Scarpazza est installée en Vénétie depuis le XIIIe siècle. L'effet de mode tend à exiger que l'on signe ses œuvres en latin, c'est-à-dire "Carpathius", d'où Carpaccio. La date de sa naissance est inconnue. En 1472, un oncle religieux le couche sur testament – l'âge de quinze ans, à ce titre, était requis – et un document de 1486 atteste de son existence, mais son contenu ne renseigne en rien sur son état ou sa maturité. C'est seulement en 1490 qu'il signe et date une œuvre importante, *L'arrivée de sainte Ursule à Cologne* (p. 31), d'une maîtrise picturale évidente, évacuant d'un même coup toute référence précise quant à sa formation antérieure.

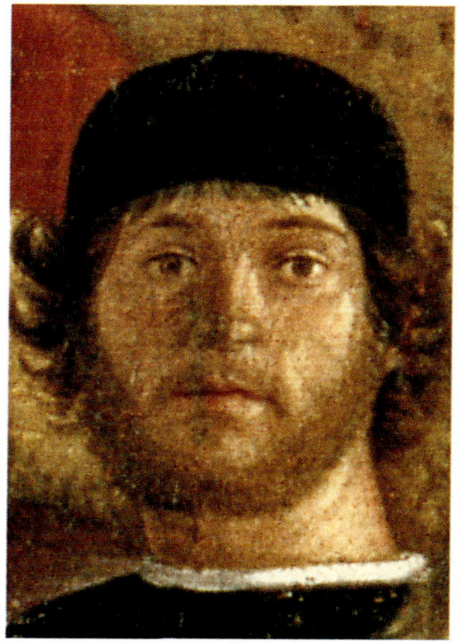

AUTOPORTRAIT EXTRAIT DE *LA RENCONTRE AVEC LE PAPE A ROME* (P. 27).

L'ignorance concerne aussi son visage. Comment un artiste fasciné par l'art de la portraiture, et en ayant acquis une certaine renommée, ne s'est-il pas laissé séduire au jeu de l'autoportrait ? Des exégèses à venir révèleront, sans nul doute, une multitude de regards "droits", tel cet homme vêtu de noir accompagnant le pape Cyriaque lors d'une curieuse rencontre à Rome (p. 27).

Le peintre, dans sa jeunesse, aurait-il suivi Gentile Bellini en Orient ? Le passage – combien sublime ! – de Giotto à Padoue, la manière rigoriste d'Andréa Mantegna, la lumière irradiante d'un certain Antonello de Messine, la rencontre possible avec Van der Weyden et l'aura de l'École flamande, la proximité, enfin, des peintres de Ferrare sont, sans équivoque, les pas dans lesquels le jeune Carpaccio aura posé les siens. Parmi ses premières œuvres, un *Christ en Salvator mundi entouré de quatre saints* exhale ces diverses influences, tout particulièrement cette main bénissante dont le dessin perpendiculaire est, très exactement, une des innovations du maître de Messine.

Mais c'est avec les grands cycles que l'authenticité et l'individualité de Carpaccio vont hautement se manifester. Comme si le processus narratif dans lequel il va

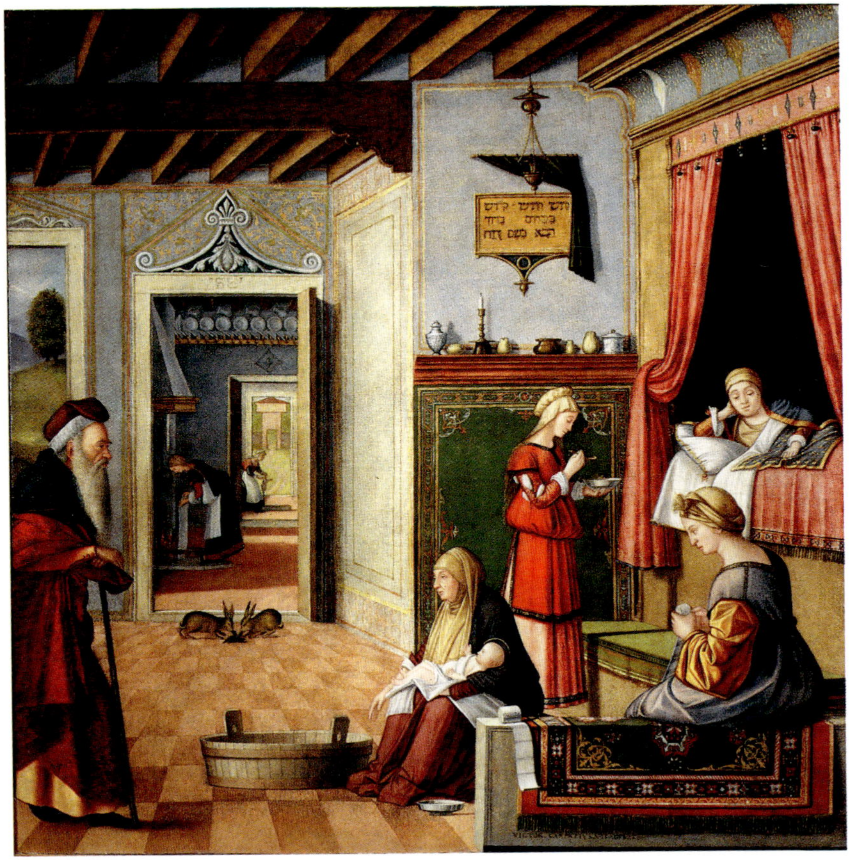

Cycle de Santa Maria degli Albanesi : *La naissance de la Vierge*, 1504-1508.

s'engager avait nécessairement besoin d'une vision polymorphe et ne pouvait se contenter de l'unique.

En 1488, la confrérie de Sainte-Ursule (ou Scuola di Sant' Orsola), après s'être agrandie d'un nouvel oratoire près de l'église de San Giovanni et Paolo, décide, réunissant tant bien que mal les fonds nécessaires, de confier l'ornement de ces lieux – huit grandes toiles ou *teleri,* puis une neuvième – à Vittore Carpaccio (pp. 15 à 37). Le cahier des charges est important ; outre le choix imposé des épisodes, la narration devra faire montre de cérémonies publiques et religieuses, d'une activité diplomatique et d'une animation maritime semblables à celles de Venise.

Fondée en 1300, la Scuola di Sant'Orsola est une des trois cent *scuole* existantes alors à Venise, sociétés diverses regroupant des minorités étrangères, des associations artisanales, des confréries caritatives ou religieuses. Le dispositif décoratif de ces lieux éminemment fréquentés est, en règle générale, immuable : l'argumentaire du récit débute en toute logique à la droite de l'autel, côté Épître, pour parcourir les cimaises jusqu'à sa fin senestre, côté Évangile. Vittore Carpaccio a pu lire *La légende de sainte Ursule* dans la toute récente édition italienne, datée de 1475, de la *Vie des saints* écrite par l'hagiographe Jacques de Voragine.

Le sujet est dans l'air du temps et l'interprétation que va en faire Memling, à Bruges, reste dans toutes les mémoires. Carpaccio suivra assez fidèlement les épisodes de cette histoire "magique", même si leur exécution, pour des raisons techniques, devait subir quelques bouleversements. Il mit plus de dix ans à peindre ces pièces dans un ordre aléatoire. Suite à la démolition de la Scuola en 1810, et après avoir subi de nombreuses détériorations, mutilations et restaurations, ces œuvres furent déposées, grâce à une intervention de l'administration napoléonienne, à l'Académie, dans l'ordre même où elles avaient été conçues. Mais l'analyse pousse à ne retenir que leur origine, c'est-à-dire le déroulement strict et logique de la légende.

Vers 1502, débute le cycle de San Giorgio degli Schiavoni (pp. 41 à 59). Lieu de réunion et d'assistance mutuelle de la confrérie dalmate de Saint-Georges et de Saint-Tryphon, dite des Esclavons, il est un des rares à avoir subsisté aux épreuves du temps (voir illustrations p. 8). C'est dans les lieux mêmes où Carpaccio les déposa, que l'œil et l'esprit peuvent encore surprendre cet endroit d'exception. Œuvre à la fois majeure et possessive de ses moyens, le cycle n'est pas, à proprement parler, d'une représentation linéaire stricte. Il se compose de neuf toiles, et est divisé en quatre parties dont les deux plus importantes – chacune trois toiles – concernent saint Georges et saint Jérôme.

Exécuté en plein apogée pictural et stylistique du peintre, cet ensemble unique compte, de par sa richesse et sa situation privilégiée, parmi les fleurons de l'art de Carpaccio.

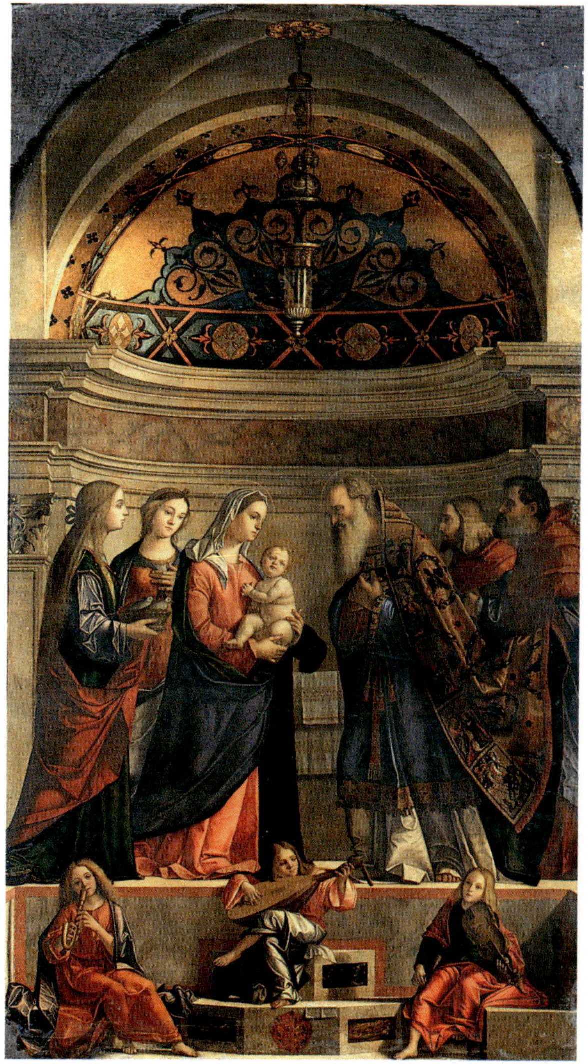
La Présentation de Jésus au Temple, 1510.

Parallèlement à l'exécution assez longue de ces cycles importants, et très certainement à la suite de l'accueil favorable qu'ils suscitèrent, Carpaccio fut invité à collaborer, aux côtés de Gentile Bellini, ainsi que de quelques autres, tels Bastiani, Mansueti et Pérugin, à la décoration de la Scuola di San Giovanni Evangelista. Sur le thème de la Légende de la Croix, là où Gentile Bellini va déployer tout un archaïsme solennel et figé, Vittore Carpaccio va puiser dans l'invention la plus novatrice, lumineuse et vivante.

A l'inverse, une nouvelle sollicitation concernant la mise en œuvre d'immenses toiles destinées à l'ornementation renouvelée du Palais Ducal, va confronter non plus les deux peintres, mais le frère cadet du premier, Giovanni Bellini. Pour certains, il est aisé de déduire que la proximité du grand peintre influença notamment l'écriture de Carpaccio. Toute vérification est aujourd'hui impossible. Il ne reste rien de cette entreprise, entièrement disparue dans un incendie gigantesque qui détruisit le palais, en 1577.

Datés de 1504 à 1508, puis de 1511 à 1520, deux autres cycles complets vont voir le jour. Le premier, "suggéré" par la Scuola degli Albanesi, vise à illustrer des "histoires" de la vie de la Vierge, sainte patronne de l'Albanie (voir p. 6). D'une facture pesante, parfois hasardeuse, d'une authenticité souvent mise en doute pour y voir un travail d'atelier, ces six toiles, usant de redites ou de schémas déjà utilisés, peuvent être considérées comme un échange d'influences mutuelles entre Carpaccio et l'un de ses disciples, Cima da Conegliano.

Le second, commandité par la Scuola di Santo Stefano, décrivait, en cinq épisodes – dont un perdu – des scènes de la vie de saint Étienne. Cette confrérie regroupait les métiers de la pierre, et c'est vraisemblablement pour cette raison que les représentations architecturales – censées montrer Jérusalem – y sont les plus vastes et les plus extravagantes.

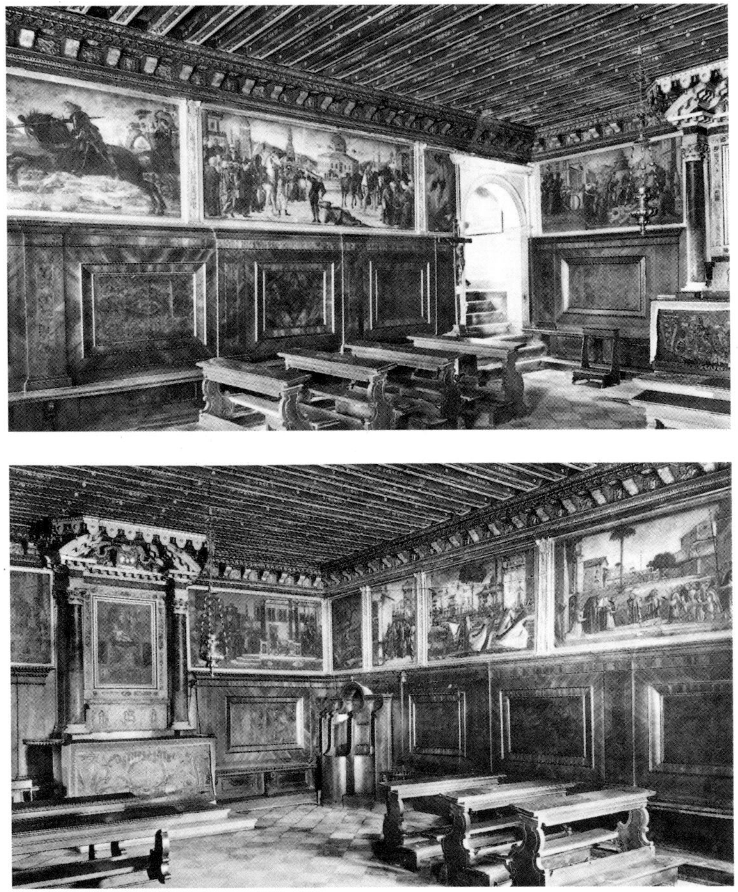

Intérieur de la Scuola di San Giorgio degli Schiavoni, Venise.

Pour une grande partie autographes, ces œuvres apparaissent poser le bilan d'un savoir-faire indéniable et intellectuellement mesuré et montrer comme les symptômes d'un déclin inexorable.

Les grands cycles ne sauraient constituer à eux seuls une connaissance complète et tangible de l'art de Carpaccio. Ils seront accompagnés, au fil des années, d'œuvres "autonomes", le plus souvent à caractère religieux, parfois d'inspiration païenne. A toute époque, les évolutions des sensibilités imposent leurs propres codes.

Les retables en sont un. L'argument consiste à ranger, dans un soucis de cohésion, les différents registres qui le composent. de haut en bas, intégration à l'autel et à son architecture, scène principale renvoyée sur elle-même, anges musiciens (voir p. 7). Giovanni Bellini y est passé maître. Vittore Carpaccio s'y exercera avec un égal bonheur.

Madones, scènes bibliques, portraits en tous genres vont se suivrent sans que Carpaccio, n'échappant ni à l'épreuve du doute ni à la remise en question de ses propres prérogatives, ne déroge de cet univers fantastique qu'il aura créé et si merveilleusement animé.

Son amour pour Venise, la cité tout entière le lui rendra au centuple. Adulé, vénéré, dépassant dans la notoriété tous ses rivaux, promu au rang de peintre "officiel", mais aussi fasciné par sa propre expérience, Carpaccio va se voir retirer confiance et soutien, et s'abîmer dans un oubli profond. Les modes et les hommes se font et se défont, au gré des princes, de leur bon vouloir et de leur suggestibilité.

Quand est-il mort ? Là aussi, l'ignorance est à son comble. En 1526, ses fils, Pietro et Benedetto, font une vague allusion au décès de leur père, et le 23 mars 1527, on apprend qu'une certaine Laura est devenue veuve.

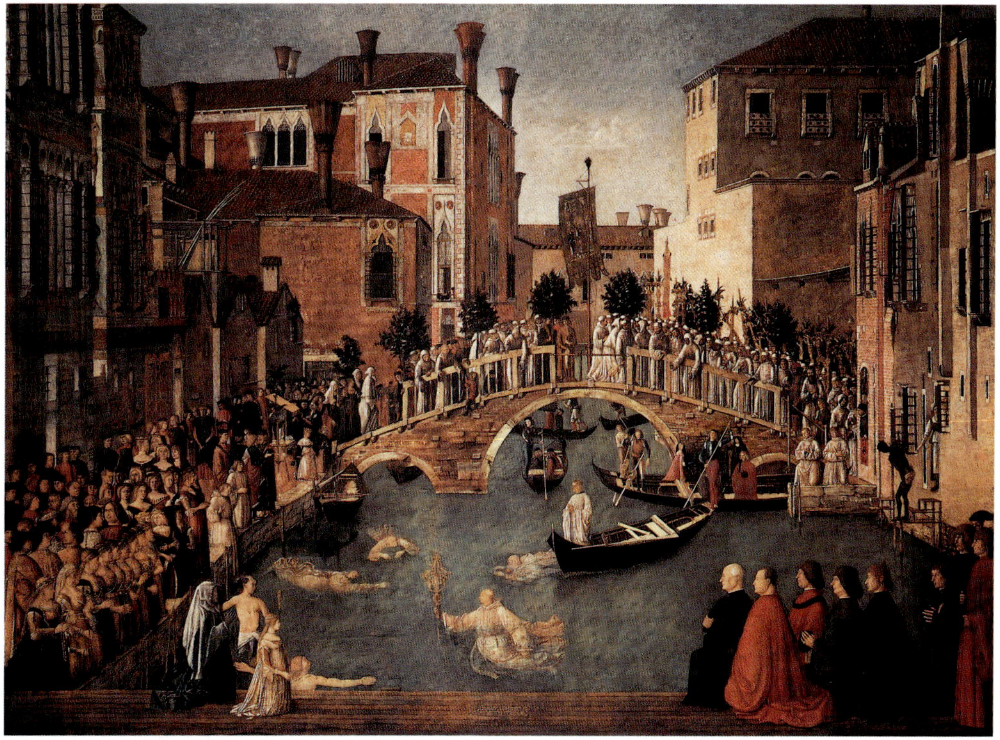

Un miracle au pont de San Lorenzo, de Gentile Bellini, vers 1494.

Reconnu par l'historien Giorgio Vasari qui le tenait en haute estime pour son "soin attentif", puis, longtemps considéré comme un "primitif" ou un vulgaire "imitateur", il aura fallu des siècles pour qu'une lecture nouvelle, enrichie des apports de la critique moderne et des éclaircissements de la sémantique, puisse rendre à cette œuvre la juste place qui, incontestablement, lui est due.

Mais que lui doit-on ?

D'avoir donné au dessin une place prépondérante : en accordant à cet exercice du regard une valeur d'une portée quasi scientifique. Carpaccio dessina beaucoup, et son œuvre peint n'est pas le fruit d'un empirisme "brouillon", mais la parfaite maîtrise, anticipée, de chaque parcelle de ses nombreuses compositions.

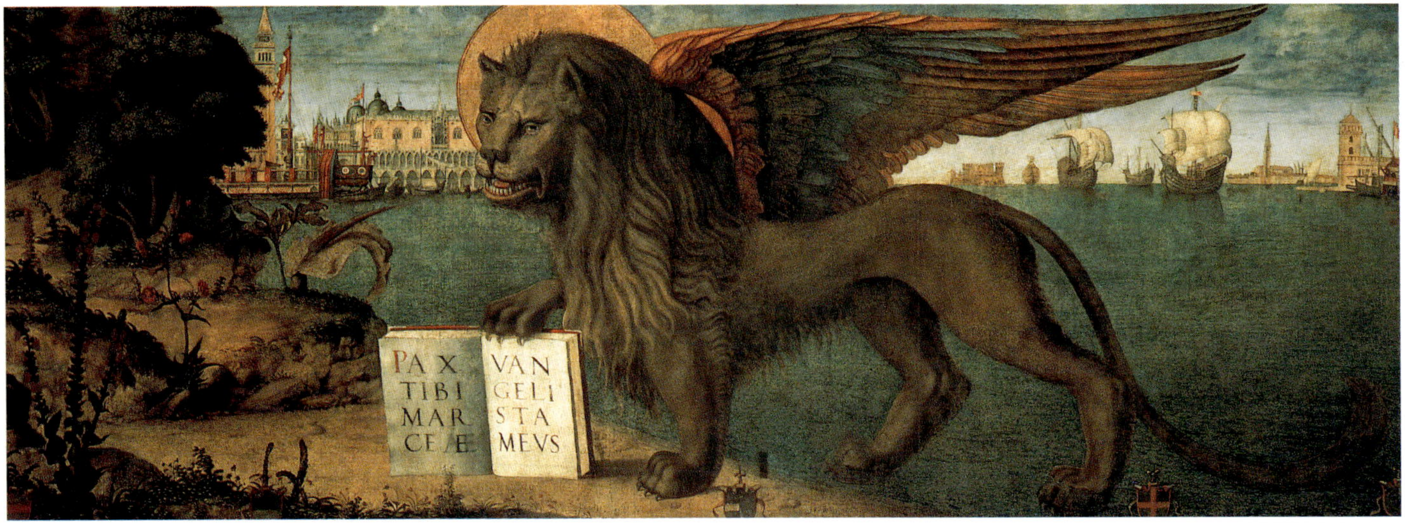

Le lion de Saint-Marc, 1516.

D'avoir repoussé encore plus loin l'expérimentation d'une technique toute récente : l'utilisation *a secco* des pigments et de l'huile vient de Van Eyck, et Carpaccio saura en tirer de multiples variations alors insoupçonnées.

D'avoir su extraire de la surface de la toile un système de relations et de fragmentation des plans qui permettent l'existence simultanée du temps et de l'espace : Fra Angelico, Francesco da Rimini avaient ouvert la brèche, Carpaccio a su élargir la voie. D'avoir joué sur des mécanismes sériels, où, dans la succession des formats, l'emploi de la perspective, encore balbutiante, renvoie à une innovation des dispositifs scéniques ou théâtraux.

D'avoir baigné dans une lumière solaire tout un monde virevoltant – et non dénué d'humour – où hommes, choses, flore et bêtes oscillent entre réalité et fiction. Carpaccio sait, avec pertinence, que la distance entre le vrai et le faux est mince, et que c'est bien dans ces limites que s'exerce la peinture. Enfin, parmi mille autres peintres, d'avoir su dire, à qui veut l'entendre, qu'un humble petit morceau de papier plié contient sa signature et, qu'ici et là, pour notre bon plaisir, se promènent des perroquets rouges.

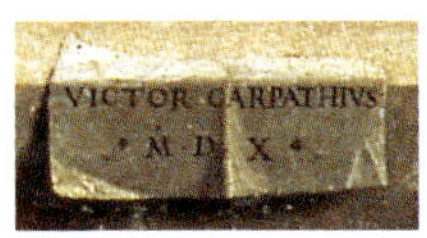

Signature de Carpaccio, détail de la p. 7.

Reste le Lion. Ce lion magnifique, qu'en 1516, Vittore Carpaccio a peint selon un canevas précis, et dont l'autorité, sur terre et sur mer, s'étend – symbole aux multiples facettes – de San Marco aux vaisseaux de l'Arsenal. Ce lion, plus qu'humain, menaçant de sa superbe la "tempête" qui bientôt viendra l'abattre, au sommet de sa Grandeur.

PLANCHES

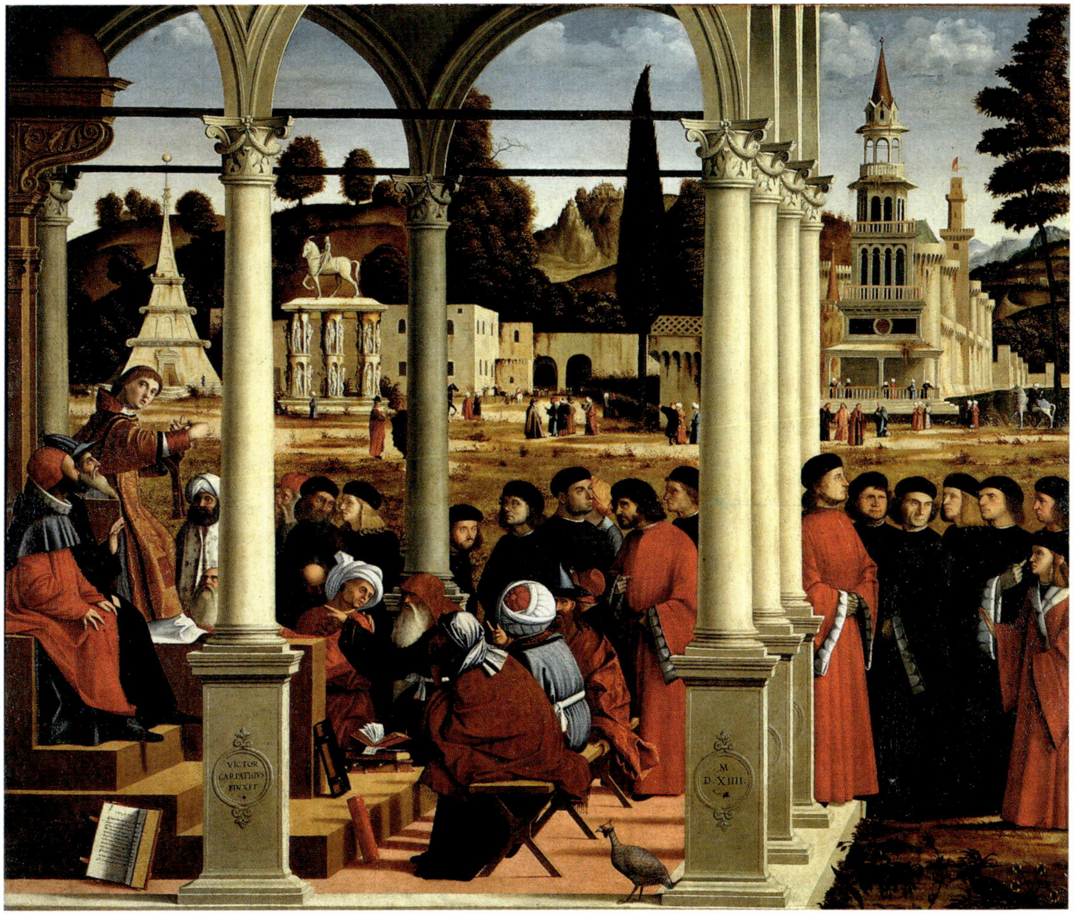

La dispute de saint Étienne, 1514.

JEUNE HOMME AU BÉRET ROUGE

——— vers 1480 ou 1490-95 ———

Détrempe sur bois, 35 x 23 cm

Musée Correr, Venise

L'ignorance qui entoure Carpaccio, sur sa naissance, sa mort et la majeure partie de son existence, n'épargne en rien son œuvre. Si les grandes toiles des cycles majeurs, datées et signées, parfois d'un libellé apocryphe, sont incontestables, bon nombre de tableaux, obscurs ou plus modestes, sont l'objet d'une attribution âprement discutée. Tel, ce *Jeune homme au béret rouge,* de haute facture, qui périodiquement change de main, pour se retrouver, par défaut, rangé sous l'étiquette de l'école ferraraise. Le doute ne vient pas, semble-t-il, des irréprochables qualités de cette petite peinture, mais du costume et de ses accessoires portés par le jeune homme et relevés comme totalement étrangers à la mode vénitienne de l'époque.
Toujours considéré comme un portraitiste talentueux, ne resterait-il de l'œuvre de jeunesse de Carpaccio, parmi mille autres disparues ou détruites, que cette preuve "décriée" ? La lumière cristalline qui inonde visage et paysage dans une même continuité, sans que ni la couleur ni le dessin ne prévalent l'un sur l'autre, l'intériorité altière et soutenue du regard, cette volonté picturale qui estompe nécessairement l'idée de volume, se rapprochent étonnament du cycle de sainte Ursule.
La ville de Ferrare jouissait d'une aura exceptionnelle dans le monde artistique de l'Italie, pour avoir su synthétiser les innovations de la peinture toscane et l'apport des maîtres flamands. Cosmé Tura, Cossa, Ercole da Roberti offraient une transposition nouvelle de la réalité, à travers l'organisation de la perspective et une vision plus colorée de la vie. Si, en cette fin du *Quattrocento*, Vittore Carpaccio a fait de l'École de Ferrare la source même de son apprentissage – sans doute trouva-t-il là les encouragements à developper ses dons – il reste encore aujourd'hui tant et tant à apprendre des premiers agissements du peintre.

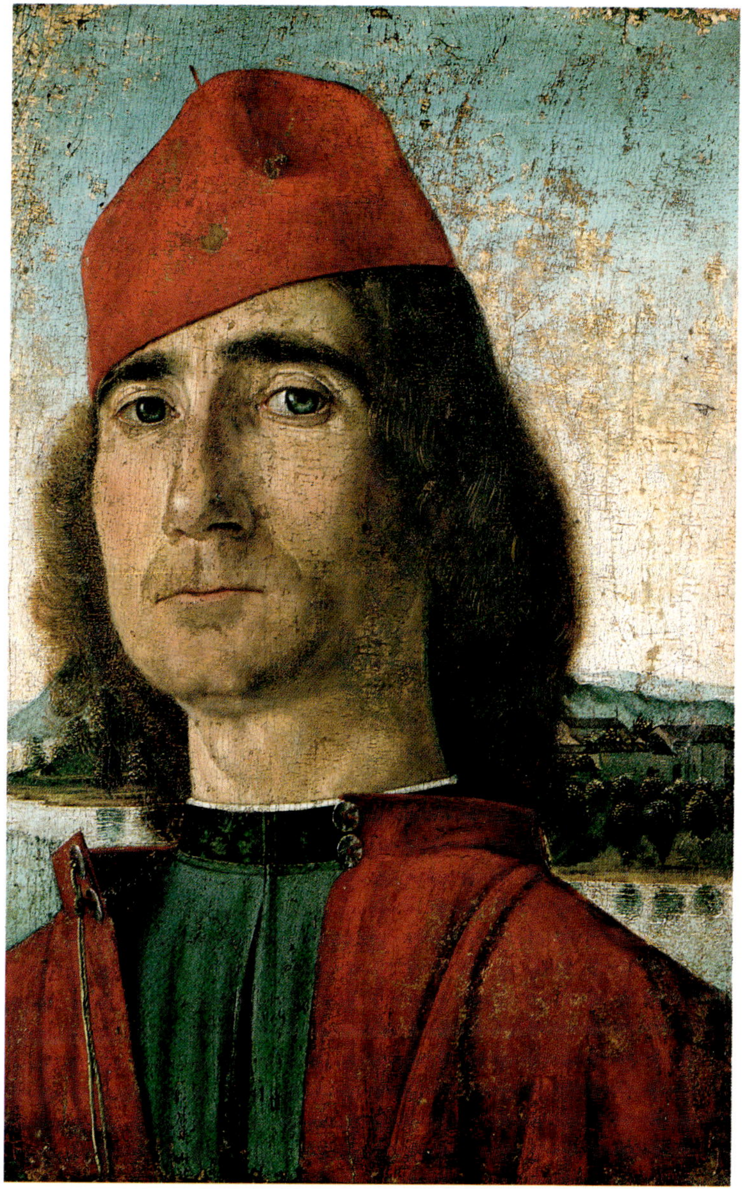

CYCLE DE LA SCUOLA DI SANT'ORSOLA

L'ARRIVÉE DES AMBASSADEURS CHEZ LE ROI DE BRETAGNE

vers 1495

Huile sur toile, 275 x 589 cm

Galeries dell'Accademia, Venise

Les ambassadeurs du roi d'Angleterre viennent demander à Maurus, roi de Bretagne, la main de sa fille Ursule pour le jeune prince anglais Éthéré. L'accueil est courtois, mais non sans quelques craintes. Comme sa beauté, la sainteté d'Ursule est légendaire, mais le jeune homme est païen, et l'Angleterre puissante.
L'ensemble de la composition, divisée en trois parties, affirme pourtant sa globalité. La partie centrale et la partie gauche se juxtaposent architectoniquement dans l'espace, alors que le récit, élongé dans le temps, est rompu par l'imposante colonne occupant le devant de la scène. Il s'agit bien là de "récit", ou de peinture "récitée". L'unité de lieu, rigoureuse à l'intérieur de chaque toile, ne sous-entend pas "unité d'action" et n'interdit en rien la partition séquentielle des espaces.
L'astuce de dessin, chère à Carpaccio, qui consiste à décrire, dans le plan perpendiculaire de la toile, deux ouvertures – porte et grille – invite le spectateur, non seulement à pénétrer dans l'œuvre, mais aussi, trés probablement, à choisir son camp. Celui d'Ursule dont l'amour est déjà terni par un sombre préssentiment, où celui des tractations secrètes qui fomentent le désastre. L'oriflamme, au centre, qu'agite une brise légère, semble être une sorte de leitmotive présent dans l'ensemble de ce cycle, constellé de drapeaux, de bannières et de fanions en tous genres.
On a beaucoup disserté sur la colonne manquante, à l'extrême gauche, et sur la finesse du paysage ainsi recadré, dont la facture n'est pas sans analogie avec *La chasse dans la lagune* (p. 1). Et Carpaccio lui même n'avait visiblement pas calculé qu'outre les découpes successives dues aux nombreux déplacements, sa toile, ainsi que le charmant page qui la présente, seraient aussi violemment amputés à cause d'une simple porte.

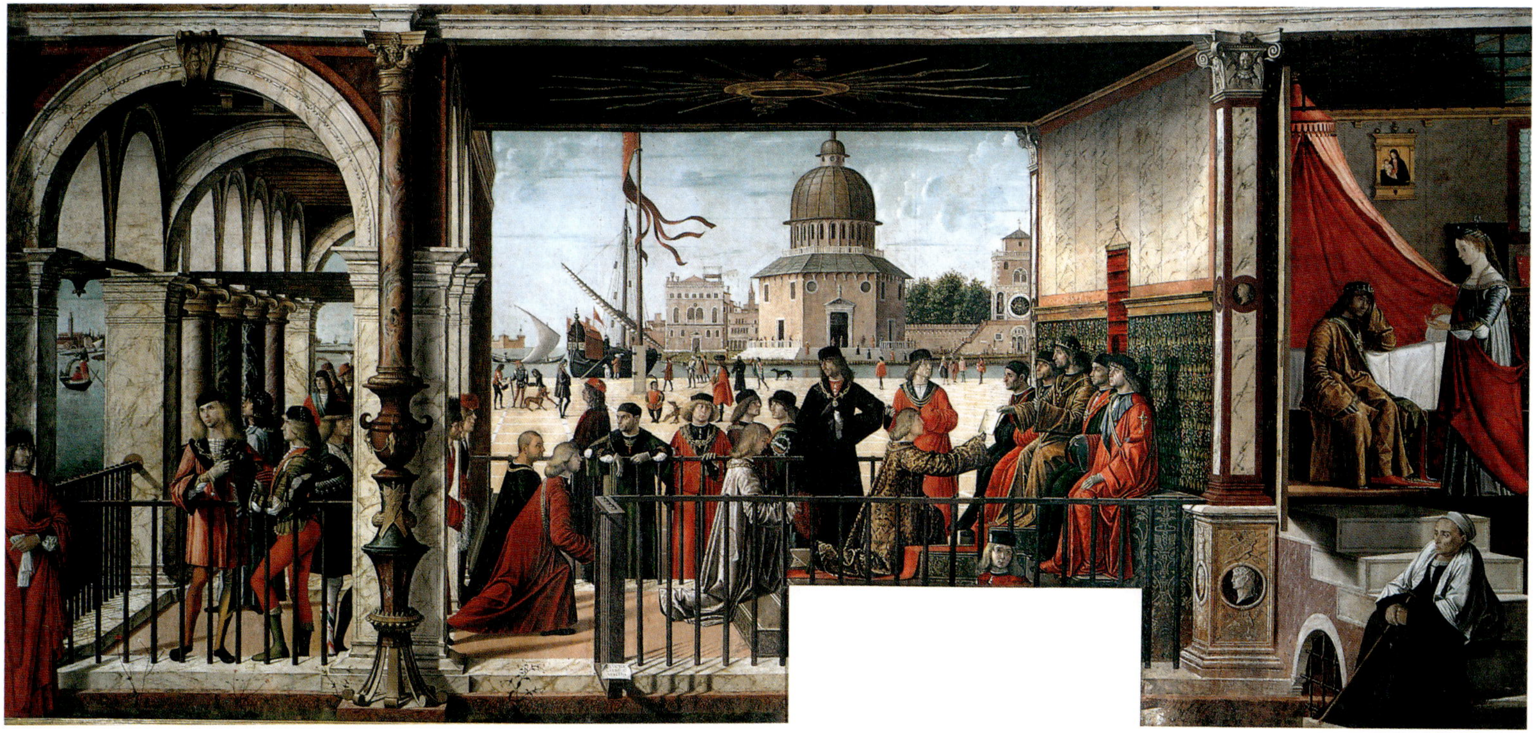

CYCLE DE LA SCUOLA DI SANT'ORSOLA

L'ARRIVÉE DES AMBASSADEURS CHEZ LE ROI DE BRETAGNE : DÉTAIL DROIT

——— vers 1495 ———

Huile sur toile

Galeries dell'Accademia, Venise

Dans une parfaite continuité perspective avec la scène centrale (p. 15), ce détail intimiste est d'une singulière beauté. Isolés par un épais mur, le roi Maurus s'entretient avec sa fille. Assise sur les escaliers, la vieille nourrice prête une oreille attentive aux détours de la discussion. Ursule dicte ses conditions qu'elle énumère une à une en les comptant sur ses doigts. Elle sera entourée de dix compagnes, qui elles-mêmes seront accompagnées de dix mille autres. Le prince recevra le baptême chrétien et attendra trois ans avant le mariage pendant que la jeune fille se rendra à Rome.
Proche d'une vision théâtrale, Carpaccio esquisse avec minutie une synthèse entre l'écriture flamande et le renouveau de la peinture italienne. La lumière, par ailleurs frontale, devient ici plus complexe et plus diffuse, à l'image de la chambre où repose la sainte (p. 29). Si le dais rouge, pesant et ouvert, est un emprunt direct à l'œuvre de Piero della Francesca, le parfait visage d'Ursule, isolé sur son fond noir reste une énigme. Mais peu s'interrogeront sur la signification de l'icône byzantine située au-dessus d'elle.

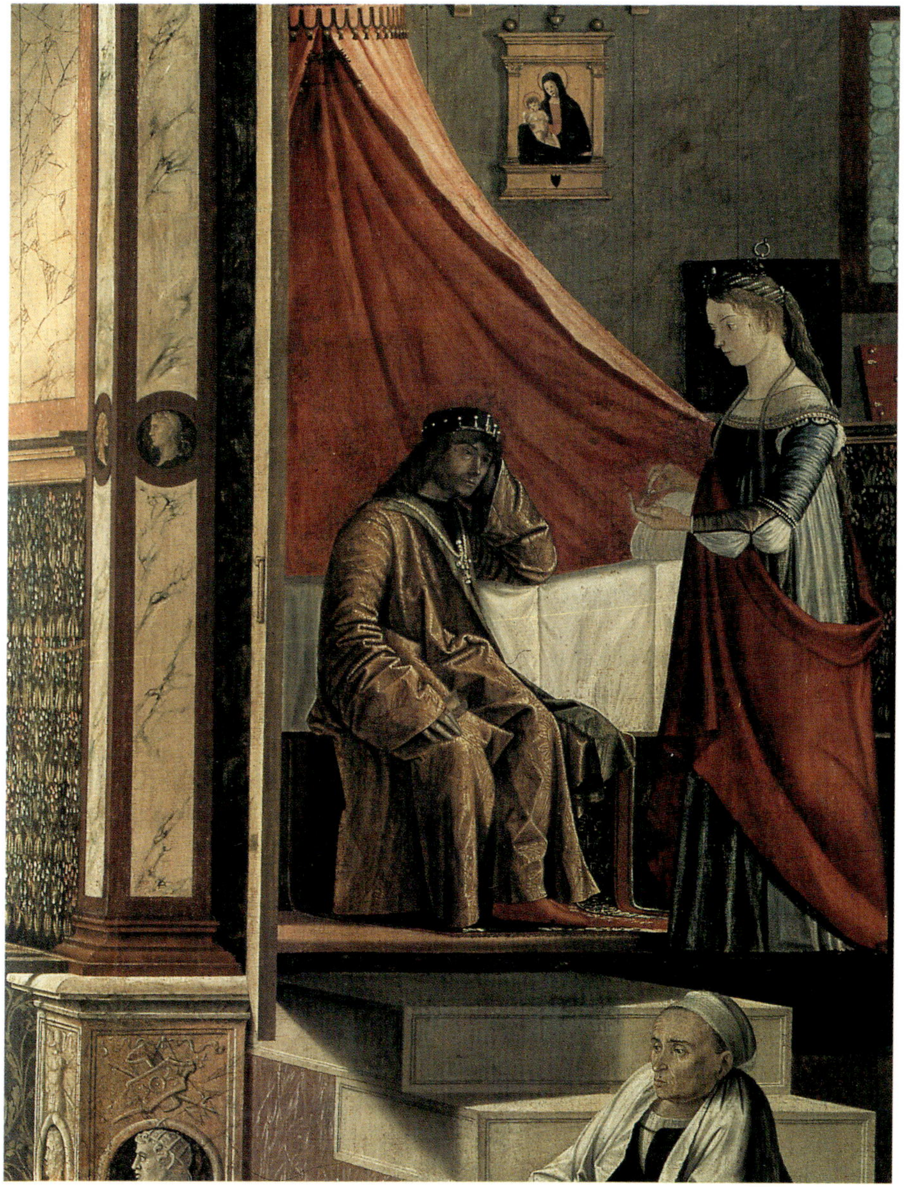

CYCLE DE LA SCUOLA DI SANT'ORSOLA

LE DÉPART DES AMBASSADEURS

vers 1495

Huile sur toile, 280 x 253 cm

Galeries dell'Accademia, Venise

Dans son palais, le roi Maurus instruit les envoyés de la cour d'Angleterre des conditions imposées par sa fille Ursule.

Le décor somptueux qui orne les murs de la salle est en parfait accord avec le goût vénitien de l'époque, et l'architecte Lombardo utilisera sans retenue ces chatoiements délicats, jusqu'au lustre immense duquel flottent des blasons. Les agencements savants de marbres polychromes qui incrustent les façades sont à l'image de l'église Santa Maria dei Miracoli et renvoient aux mosaïques complexes des sols de la basilique de San Marco. L'ouverture à droite, que révèle un serviteur, aspire toute la lumière, sert de prétexte au cheminement du regard et se perd dans un paysage adroitement esquissé. Précisément, ce serviteur, dont la main tendue guide le spectateur vers le centre majeur de la toile, n'est pas anodin. Sa présence, relative au jeu scénique et utile à la peinture narrative, est souvent répétitive : c'est le personnage "indicateur", qui désigne et distribue les rôles et les actions.

Mais c'est la couleur qui domine techniquement cette toile. La ponctuation vivante des rouges, dominée par la quadrature presque abstraite du grand mur, s'équilibre d'une savante répartition de verts complémentaires, qu'un agencement de valeurs vient doucement tempérer. La lumière frisante, marquée d'un trait rectiligne sur les poutres du plafond compose la charte de cette gradation, livrée dans l'agencement rigoureux du dessin des marches du trône royal.

Selon les codes de la représentation en vigueur depuis le Moyen Age, le "dit" et "l'écrit" doivent être simultanément mis en évidence par un signifiant explicite. Aussi, Carpaccio mêle, dans la même mise en scène, l'exposé oral du Roi dictant les volontés de sa fille et l'écriture désinvolte du greffier que la main d'un émissaire attend avec impatience.

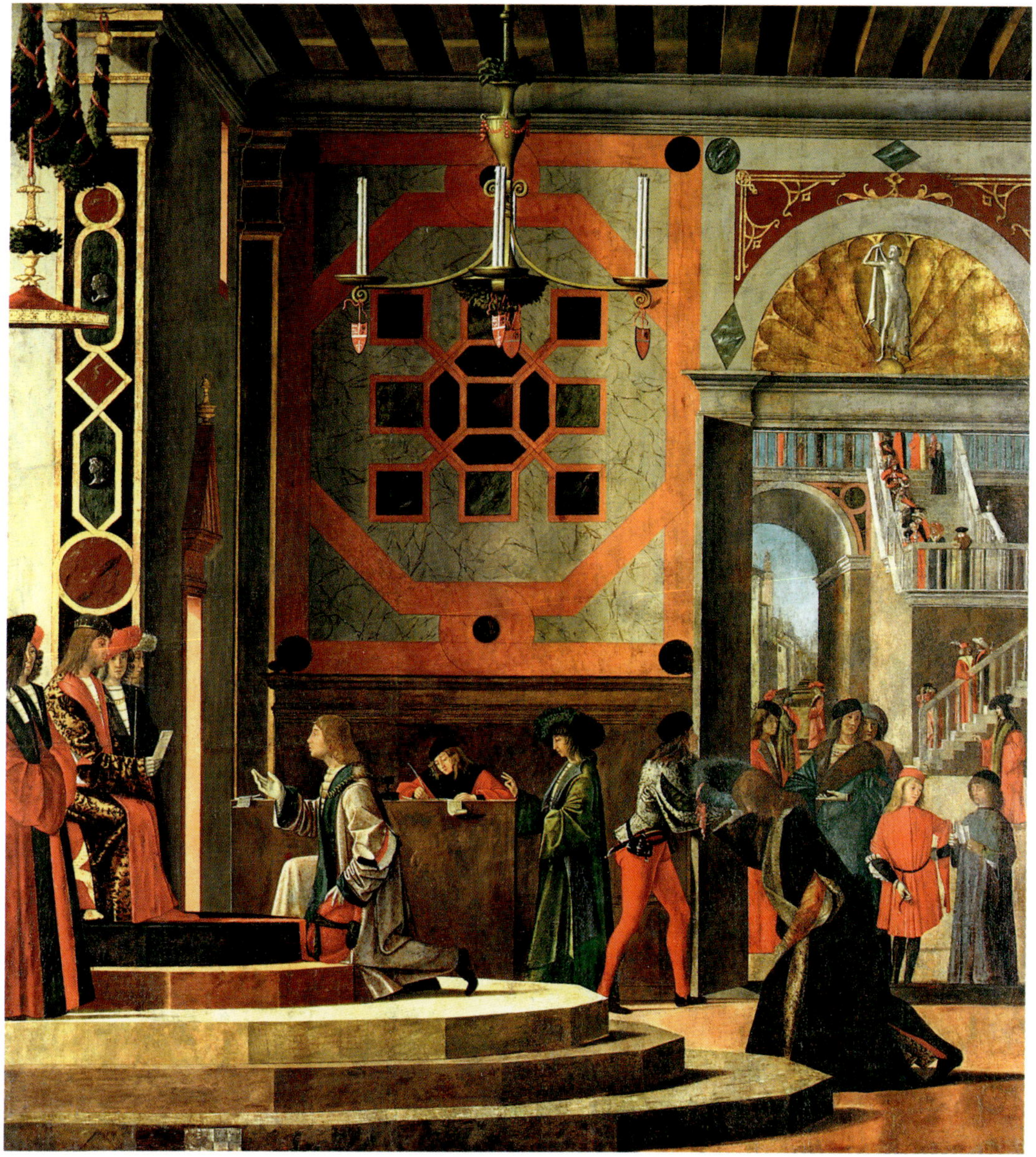

CYCLE DE LA SCUOLA DI SANT'ORSOLA

LE RETOUR DES AMBASSADEURS EN ANGLETERRE

vers 1495

Huile sur toile, 297 x 527 cm

Galeries dell'Accademia, Venise

A peine débarqués sur le sol anglais, les ambassadeurs rapportent à leur souverain, Conan, les décisions du roi Maurus. La fille de ce dernier, Ursule, épousera le jeune prince, qui, fort épris, a accepté les conditions draconniennes de la jeune fille. Sous le dais royal, Conan écoute le récit du chef de la mission tandis que débarquent les derniers arrivants, accueillis par des dignitaires. Une foule abondante se presse pour assister à l'événement, entièrement inscrite dans une longue perspective modulée par l'arche du pont. A la rigueur du plan horizontal qui contient la scène principale, Carpaccio réagit par une série de verticales parfaitement rythmées, appuyées sur les éléments architecturaux qu'il décrit. Le "hors-champ" dans lequel s'inscrit l'édicule royal, souligne la continuité possible de l'espace et de la narration, fortement rompus, à gauche, par l'affirmation du grand mât et de son embase.

La précision du détail qui caractérise le monument central, à la fois arc de triomphe et palais, laisse à penser, et l'ensemble de ce cycle y contribue, que Carpaccio a pu, un jour, rêver d'être architecte. Les deux tours qui marquent l'entrée de l'arsenal, ainsi que la ville qui se déploie au-delà ne vont pas le démentir. Non plus que l'extraordinaire palette marmoréenne dont il recouvre ces éléments, à la manière, moins abstraite, d'un Fra Angelico. Les deux bas-reliefs qui ornent la façade du palais représentent deux moments de la vie de Cupidon – symbole de l'amour du prince pour Ursule – et seraient, dans un déplacement d'échelle, la copie d'une modeste plaquette de bronze due au sculpteur Gambello, maître attesté de Michel-Ange.

La lumière belle et douce, l'air éthéré des jardins, la somptuosité des costumes et l'élégance des attitudes, tout invite au calme et à la nonchalance. Seuls montent le son d'une viole, jouée par un enfant, et les cris stridents d'un singe malicieux qui taquine une bien stupide pintade.

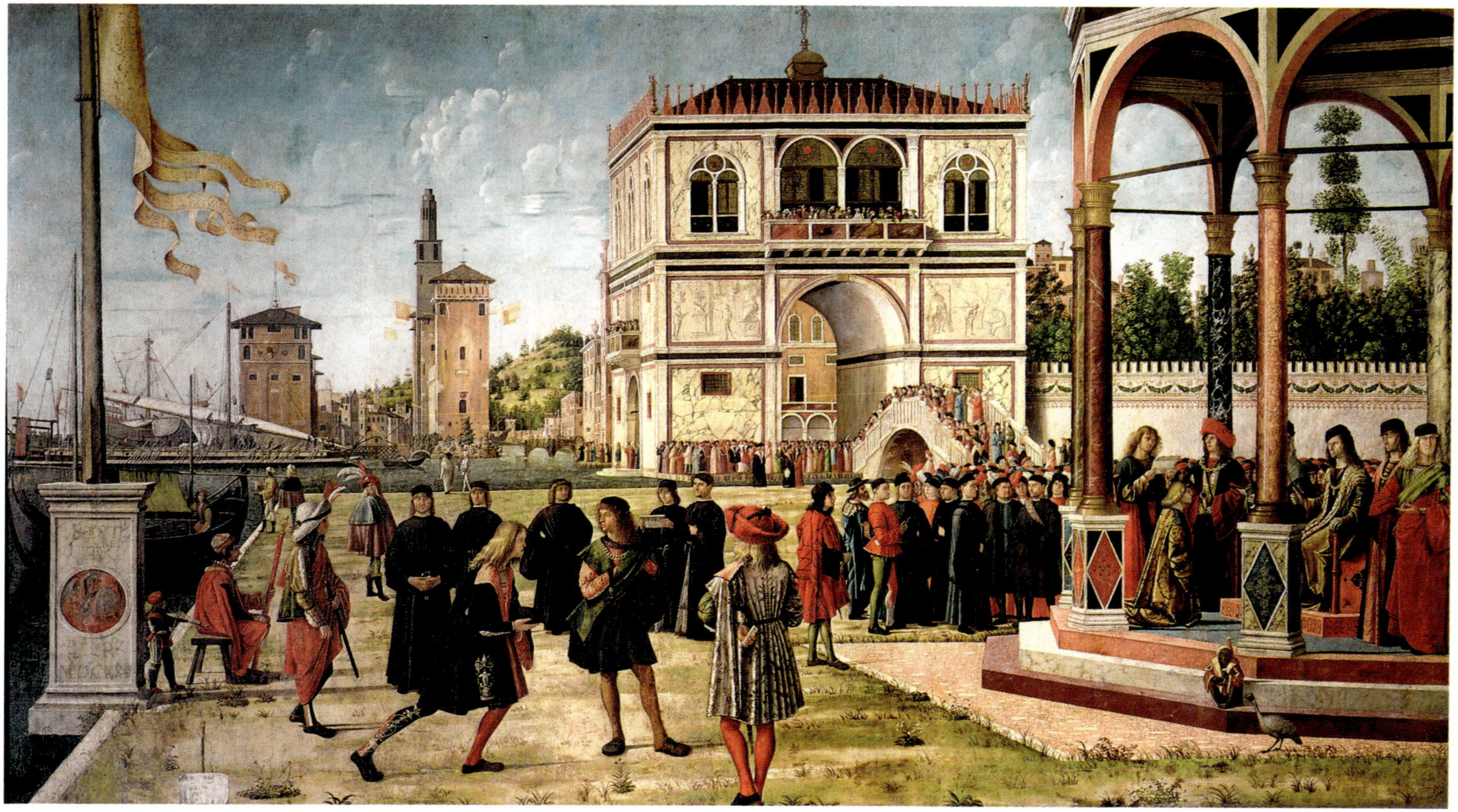

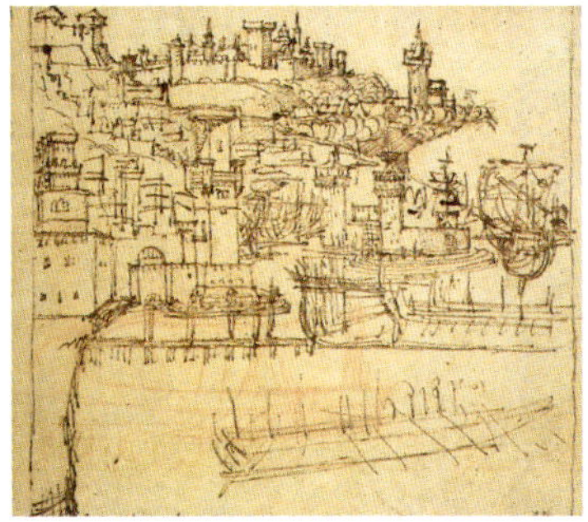

CYCLE DE LA SCUOLA DI SANT'ORSOLA

LE DÉPART DE SAINTE URSULE

1495

Huile sur toile, 280 x 611 cm, galeries dell'Accademia, Venise

Ci-dessus : *Port fortifié,* sanguine et plume, 17,2 x 19,2 cm, British Museum, Londres

Carpaccio a délibérément scindé en deux cette gigantesque toile dont la composition joue symétriquement autour du mât central. Prenant quelques libertés avec l'exactitude de la légende, il raconte dans le même espace-temps, non pas deux épisodes mais quatre faits et gestes du prince et de la princesse.

L'opposition de style et d'écriture qui s'applique aux représentations architecturales des deux rives – symboles de l'un et l'autre des deux protagonistes – est surprenant. Si les bâtiments de droite s'inspirent de constructions existantes, les deux fortins et leur environnement, qui leur font face, témoignent de l'imagination la plus inspirée. L'oblique du bateau échoué – mauvais présage – rétablit la perspective générale, mais cherche une équivalence dans la volée tonitruante de l'escalier.

A l'extrême gauche, au-delà de l'imposante tour, le bandeau vertical semble "ajouté". Il contient le portrait groupé des divers dignitaires, banquiers et généreux donateurs qui commanditèrent l'ensemble de ce cycle.

La générosité plastique de l'esquisse conservée au British Museum (ci-dessus), bien qu'elle ne soit pas considérée comme strictement préparatoire à cette toile, ainsi que ses ajouts et sa "modernité", confirment la primauté que Carpaccio accordait au dessin.

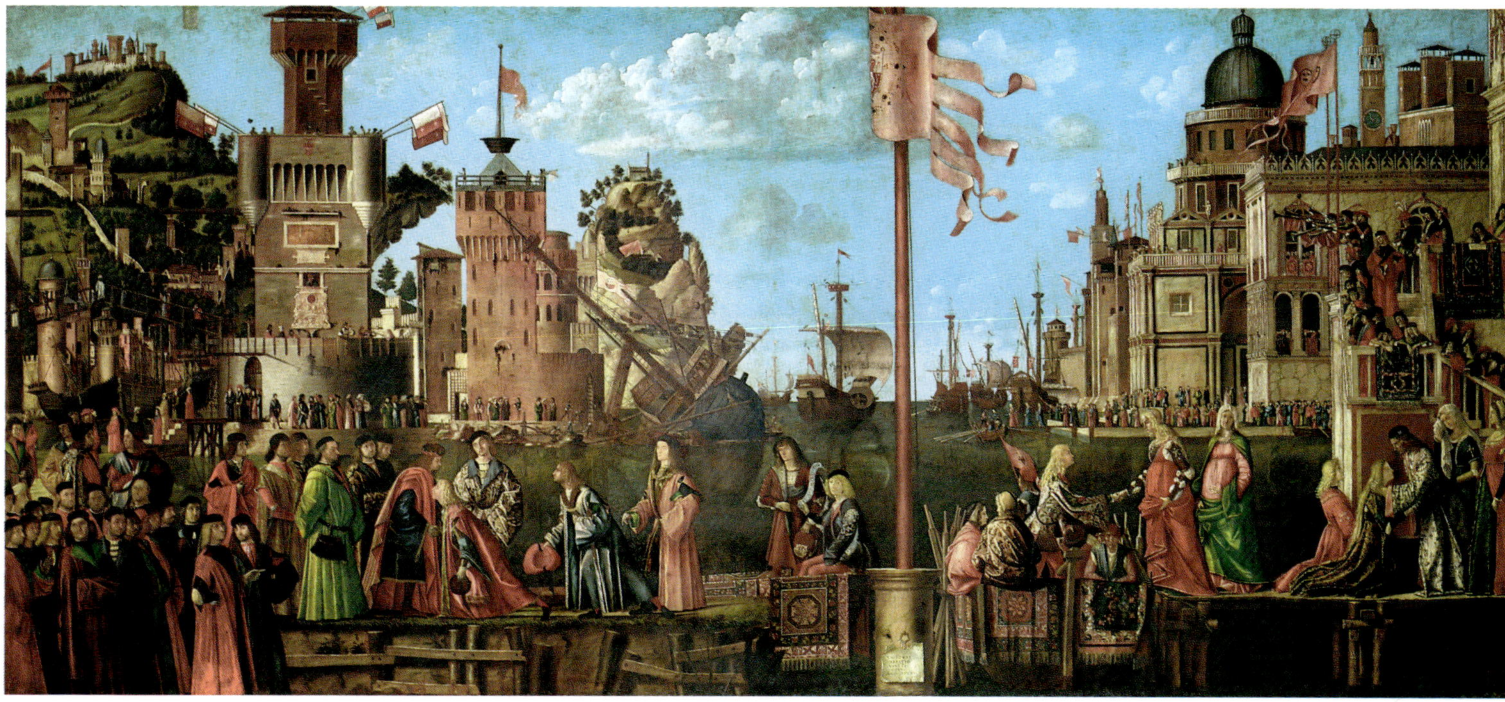

CYCLE DE LA SCUOLA DI SANT'ORSOLA

LE DÉPART DE SAINTE URSULE : DÉTAIL

—— 1495 ——

Huile sur toile

Galeries dell'Accademia, Venise

Comme par miroir, à partir de l'axe médian, les deux jeunes gens ont pris congé, séparément, de leurs pères respectifs et de leurs proches et se retrouvent, au centre, à la droite du mât (p. 23).

Le geste gracieux du prince invite Ursule à prendre place dans la chaloupe tandis qu'elle relève sa robe afin d'assurer son pas. Sa suivante ainsi que l'homme de barre tournent vers le spectateur leurs regards où se lisent l'inquiétude et la fatalité. Déjà, au loin, les fidèles compagnes partent sur des barques vers les vaisseaux qui les attendent. Le caractère aristocratique et à la manière de Botticelli de ce détail dénote avec l'ensemble de cette œuvre volontairement bavarde et entendue pour ses raisons "sociales" et explicatives. L'harmonie colorée, diluée par ailleurs, semble ici se cristalliser dans un contraste complémentaire vert/rouge soutenu par la finesse d'exécution des brocarts et des motifs.

Perpendiculaire à la toile, l'embarcation des fiancés coupe la linéarité frontale de la composition dont la continuité est matérialisée par les somptueux tapis qui reposent sur les rebords du ponton, tandis qu'un scorpion maléfique escalade le soubassement du grand mât.

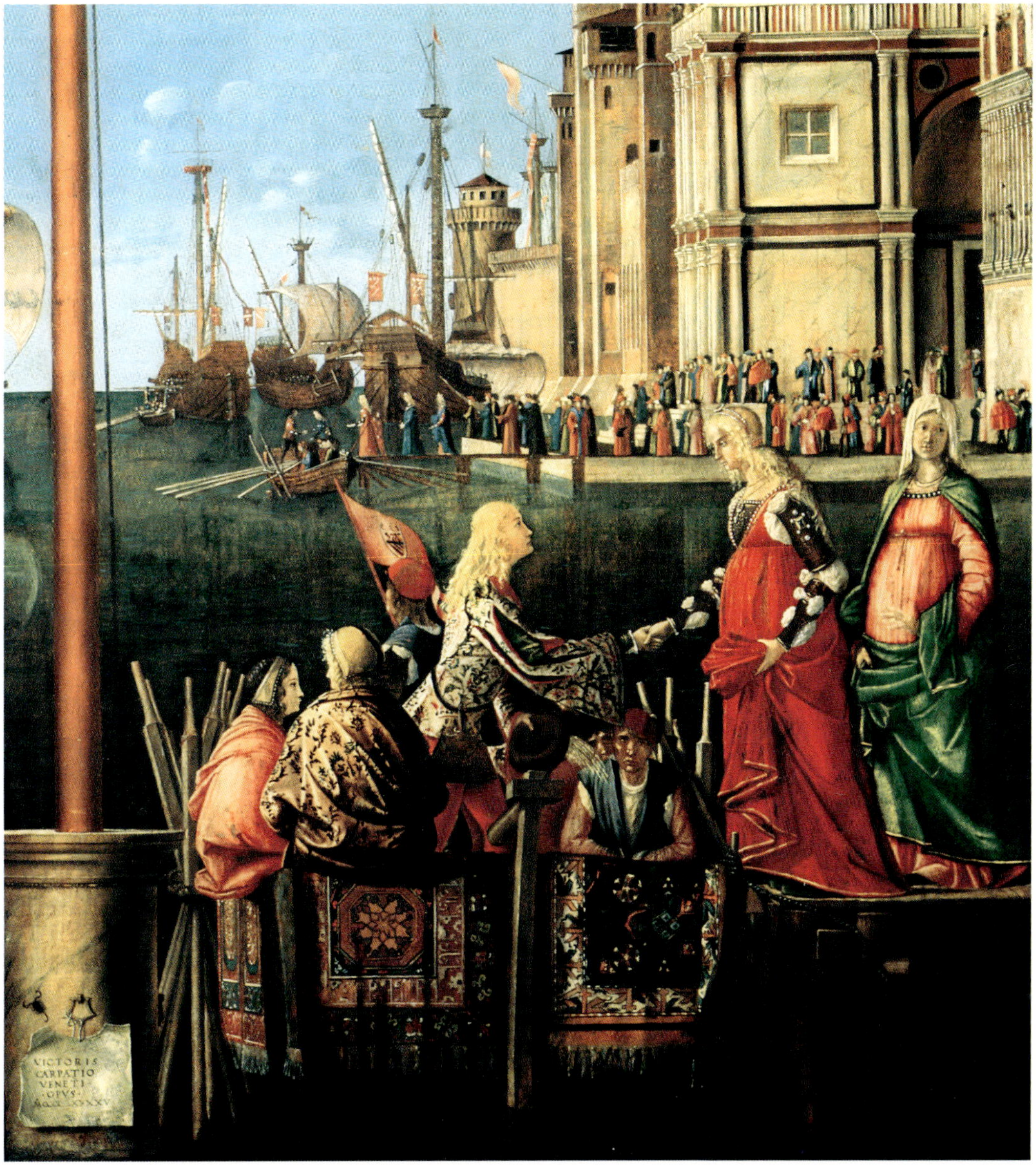
VICTORIS
CARPATIO
VENETI
·OPVS·

CYCLE DE LA SCUOLA DI SANT'ORSOLA

LA RENCONTRE AVEC LE PAPE À ROME

——— vers 1493 ———

Huile sur toile, 281 x 307 cm

Galeries dell'Accademia, Venise

Sitôt leur arrivée à Rome, le pape Cyriaque consent à recevoir, hors de l'enceinte pontificale, les futurs époux, qui, à genoux, reçoivent sa bénédiction. Les onze mille compagnes d'Ursule débarquent tour à tour et forment un lointain cortège à la suite de leur princesse.

La vaste place où se déroule la scène est dominée par la masse imposante et cylindrique d'une architecture proche de la forteresse du Castel Sant' Angelo (château Saint-Ange) à Rome. Carpaccio se serait servi, dans son dessin, d'une médaille papale récemment frappée sur laquelle figurait cette étrange bâtisse.

Si cette œuvre emprunte partiellement aux manières de Gentile Bellini et de Mansueti, elle serait reconnue par la critique comme le théâtre de portraits divers. Du visage du Pape – on crut identifier Alexandre VI Borgia – à la "figure lumineuse et vive" de l'humaniste vénitien Ermolao Barbaro. Par contre, il est attesté unanimement que le personnage vêtu de noir, deux rangs derrière le Pape, dont le regard fixe intensément le spectateur n'est autre qu'un autoportrait de Carpaccio lui-même, alors agé d'une trentaine d'années.

A la forme étrange de l'ombrelle qui protège le Pape, le contrepoint mouvementé des mitres blanches et des oriflammes hampés de rouge est d'un bel effet.

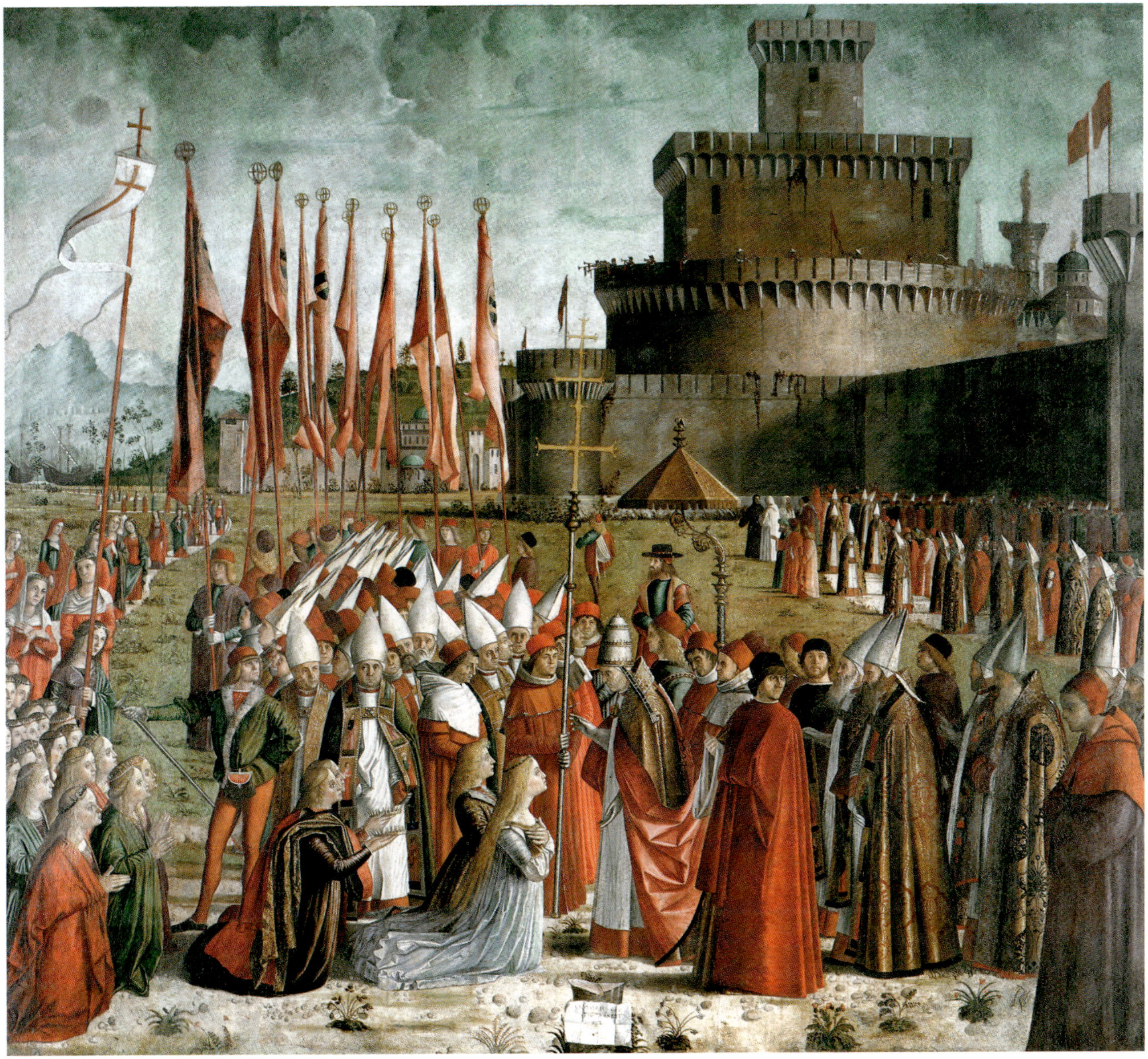

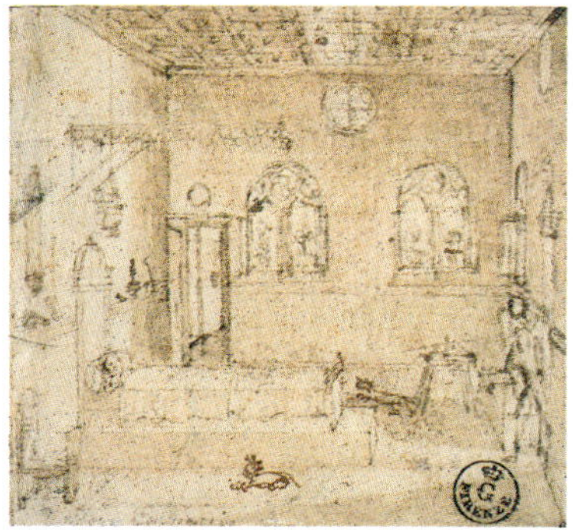

CYCLE DE LA SCUOLA DI SANT'ORSOLA

LE SONGE DE SAINTE URSULE

1495

Huile sur toile, 274 x 267 cm, galeries dell'Accademia, Venise

Ci-dessus : Dessin préparatif, plume et aquarelle, 10,2 x 11 cm, galerie des Offices, Florence

Ursule ne dort pas. Sa somnolence attentive la confirme dans son amour et dans sa foi. La force de chacun d'eux, trop grande pour elle, l'oblige au martyre, qu'elle accepte, symbolisé par la palme que lui apporte l'Ange.
Tout ici, ambivalence des signes, respire la quiétude et le drame. Des objets quotidiens qui ornent la cellule, du sablier à la chandelle qui brûle ; des effigies de Vénus et d'Hercule ; de la lumière transverse, nourrie de deux foyers, au vide exaspérant du lit, aux côtés de la sainte.
Cette œuvre, à elle seule, est une leçon de peinture. Un paradigme absolu, chargé de métaphysique, fil conducteur dans le cadre de l'Histoire de la peinture. L'ange, cet ange, étrangement porté par un nimbe étincelant, vient de quitter une *Annonciation* de Fra Angelico et passe, doucement, silencieusement, pour rejoindre les gloires de Botticelli ou les Madones de Raphaele Sanzio.
Enfin, à peine estompée de son modeste décor, cette toile est purement abstraite. Comme si la notion d'abstraction pouvait naître d'une réalité extrême, exacerbée au paroxysme. Le dessin révèle de multiples variations et témoigne des mutilations importantes dont ce chef-d'œuvre fut scandaleusement l'objet.

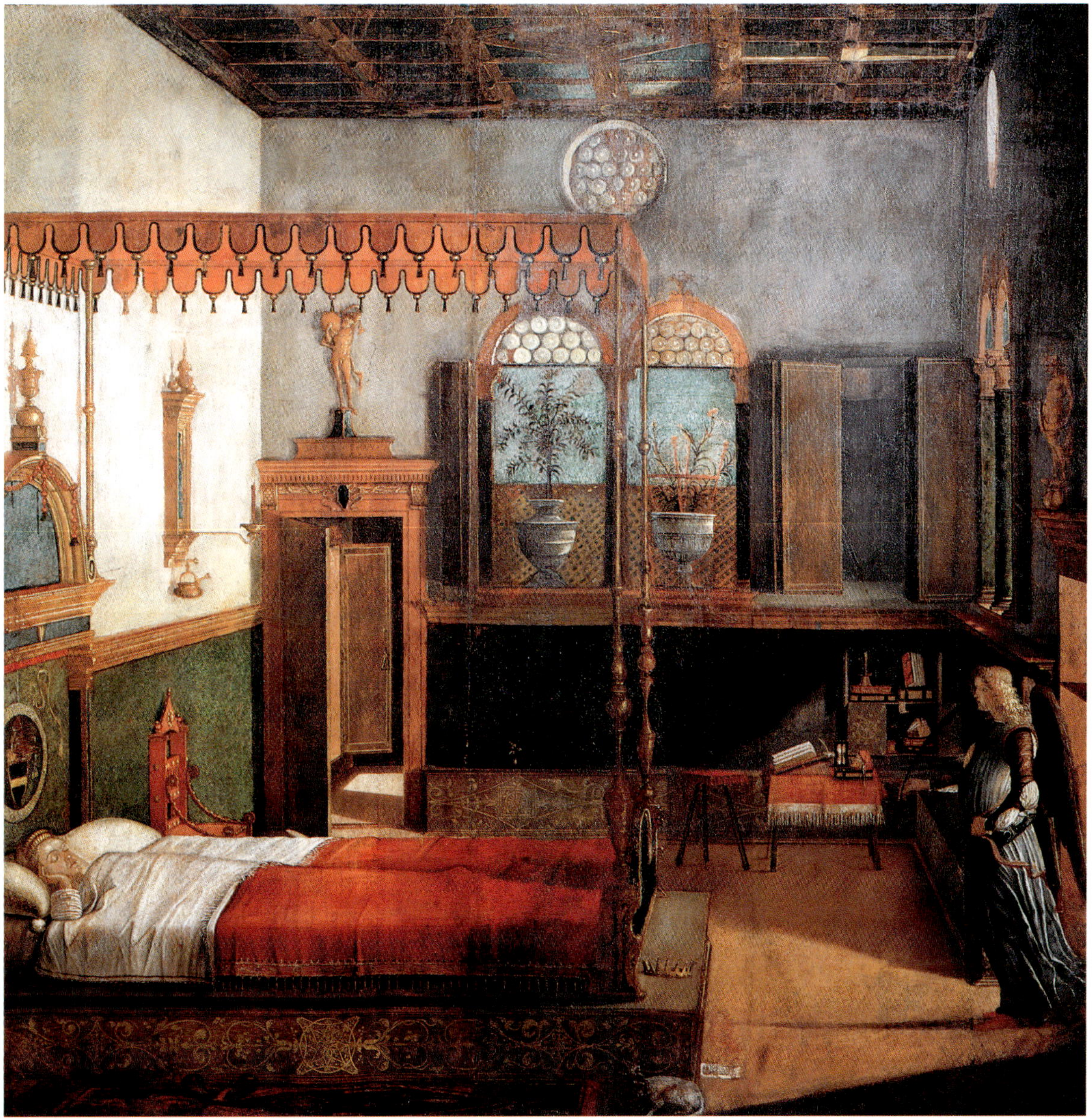

CYCLE DE LA SCUOLA DI SANT'ORSOLA

L'ARRIVÉE DE SAINTE URSULE A COLOGNE

1490

Huile sur toile, 280 x 255 cm

Galeries dell'Accademia, Venise

Ursule et le Pape, accompagnés de leurs escortes respectives, ont quitté Rome. Ils se dirigent vers le Nord, et leur périple les oblige à faire escale à Cologne. Le pays est en guerre, et l'armée des Huns, précédée de leur Roi, assiège la ville.

Cette œuvre, signée et datée de 1490, est considérée comme la première du cycle. Elle exigeait de Carpaccio qu'il y fît montre d'un savoir-faire éloquent et sans faille vis-à-vis de ses commanditaires. La complexité des gréements, vus dans un raccourci virtuose, est véridique et apte à remplir ses fonctions. La vision emprisonnée et le caractère fermé de la ville sont manifestes. Et ces guerriers farouches revêtus de leurs armures à l'allemande sont bien des Huns, à n'en point douter. Alignés sur le bastingage du premier navire, les visages ébahis d'Ursule, du Pape, et de leurs suites, sont un séduisant trait d'humour. Ils réaffirment l'équivalence, dans la peinture "récitative", entre l'épisode général et l'anecdote mineure.

Si la rigidité emprunte et abusive de la perspective des remparts renvoie à quelques similitudes rencontrées chez Jacopo Bellini, la continuité du dessin dans cette double courbe en S – s'achevant au premier plan – est, pour Carpaccio, audacieuse. La fermeté du trait divise encore plus les protagonistes, chacun sur son terrain, solide ou fluctuant ; et le cercle parfait ponctuant le délié supérieur de cette ligne suggère l'introduction d'un monogramme au centre de la composition (le véritable nom de Carpaccio n'est-il point Scarpazza ?).

Au-delà du récit anecdotique, c'est la mémoire, et peut-être l'hommage rendu, par Carpaccio, à ce qui fut partie intégrante de l'essence même de son apprentissage ou de sa vocation, la peinture flamande. L'immaturité dénoncée du peintre, qu'il s'empressera bien vite de combler, a pour antidote la culture. Cette grande connaissance picturale, qui subrepticement le fait citer Van Eyck pour un cercle, Albrecht Dürer pour un S, et Hans Memling pour des bateaux.

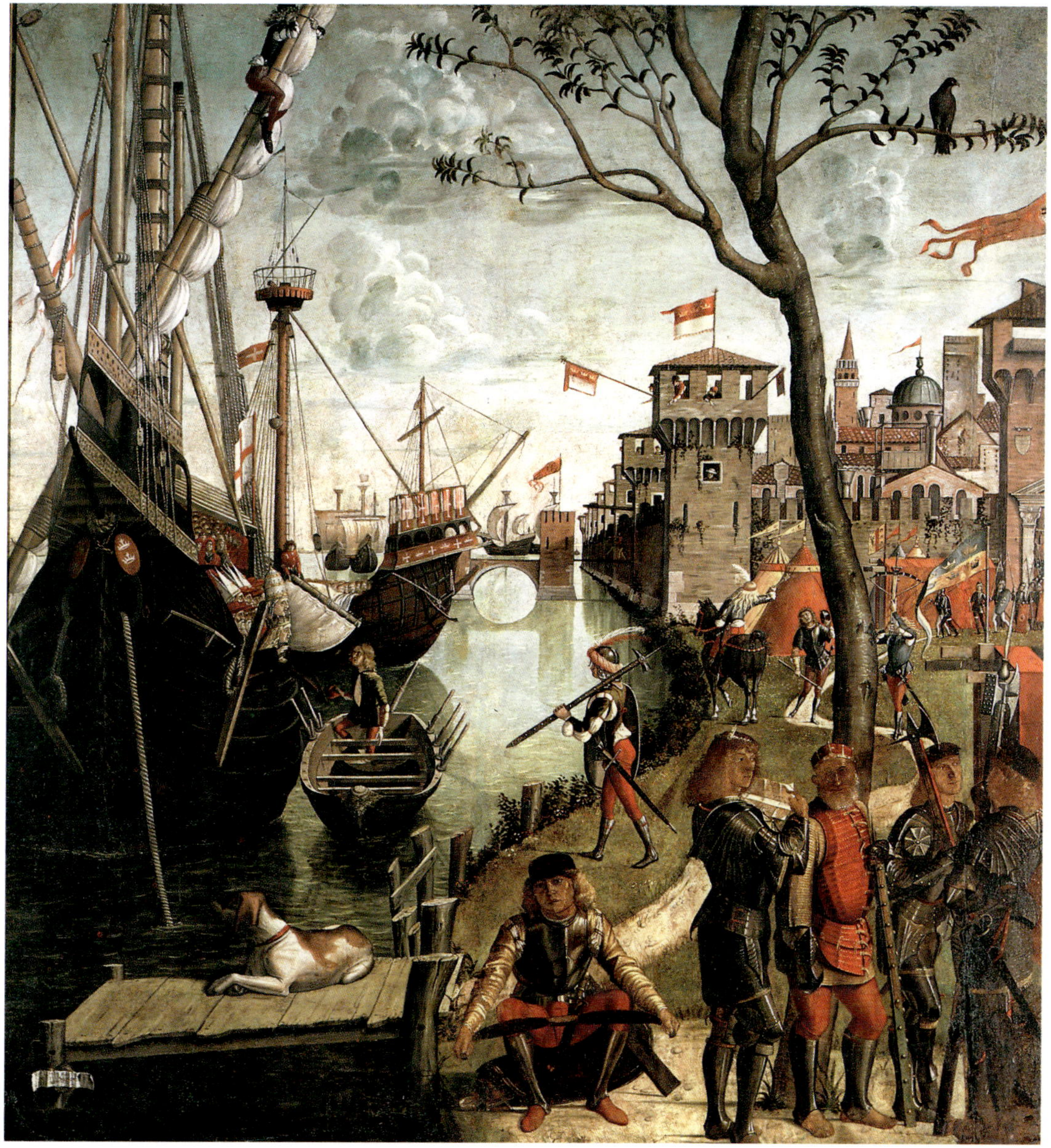

CYCLE DE LA SCUOLA DI SANT'ORSOLA

LE MARTYRE ET LES FUNÉRAILLES DE SAINTE URSULE : PARTIE GAUCHE

1493

Huile sur toile, 271 x 561 cm (entier)

Galeries dell'Accademia, Venise

Comme à son habitude, Carpaccio divise l'espace de sa toile, et représente, dans une parfaite simultanéité, deux épisodes successifs ordonnés de par et d'autre d'une colonne centrale (p. 35).

Peinte dans la partie gauche, cette scène du massacre prophétisée par l'ange est dominée par le noble visage de la sainte agenouillée qui fait face à la mort. Le respect strict de la légende (à peine deux lignes chez Jacques de Voragine) n'obligeait en rien Carpaccio à infliger au spectateur cet épisode macabre auquel visiblement il ne prend guère plaisir. L'embrouillamini indistinct des personnages, le redoublement abusif des figures, les emprunts divers, l'incompréhensible hiatus formel entre la perspective des arbres et la meute des enragés préfigureraient-ils, dans une certaine mesure, une autre toile du peintre, *Le martyre des dix mille chrétiens*, datée de 1515, conservée elle aussi à l'Académie.

Les scènes guerrières ne sont pas encore choses fréquentes, et à cette date, ni *La bataille de San Romano* de Paolo Uccello ni *Le combat d'Héraclius et de Chosroès* de Piero della Francesca n'ont trouvé leur égal.

Jugée intacte, n'ayant fait l'objet d'aucune mutilation ni restauration excessive, cette œuvre, peinte en 1493, est la première des longues toiles linéaires du cycle de la légende de sainte Ursule. Son état de conservation satisfaisant a permis de restituer à l'ensemble la juste cohérence qu'avait échaffaudée Carpaccio.

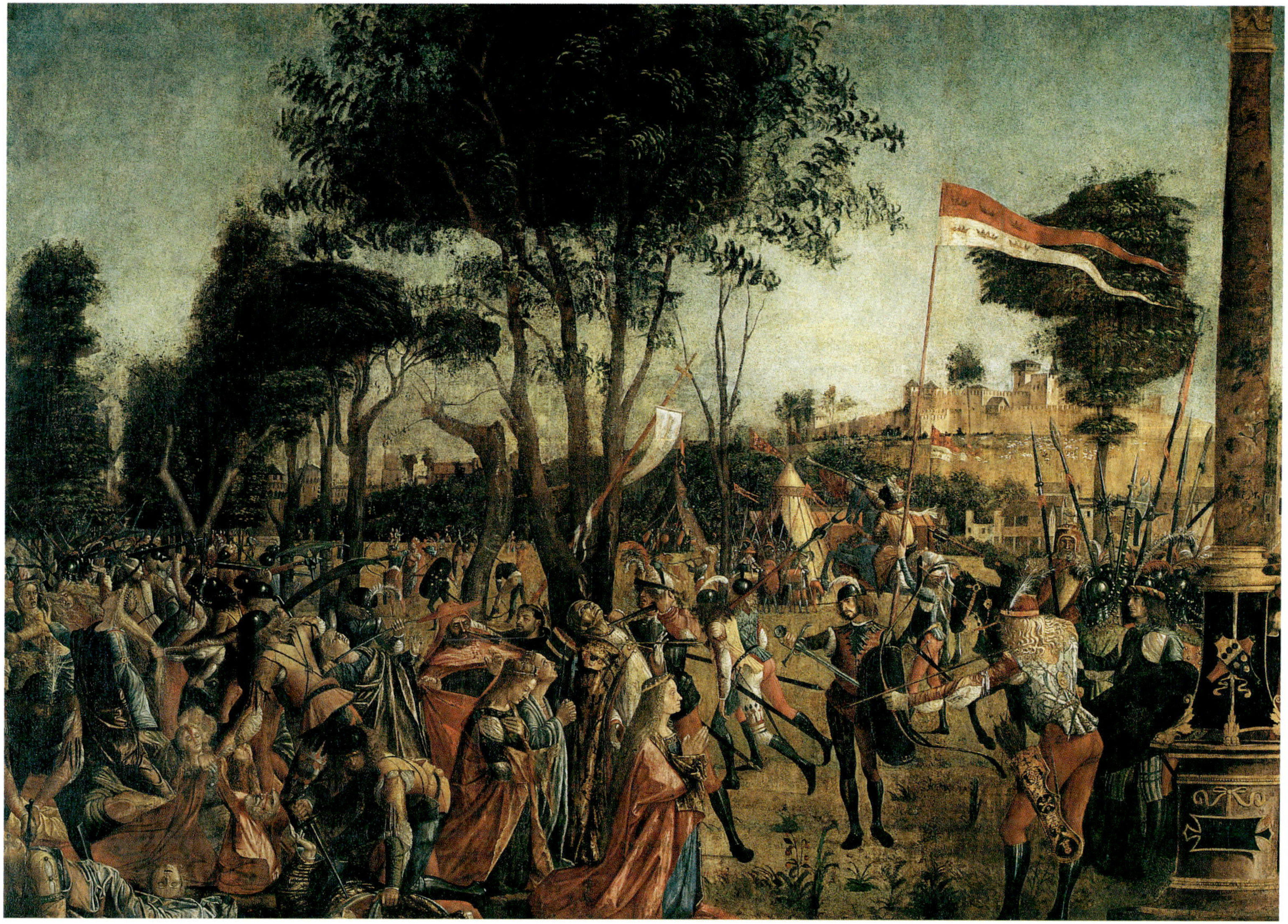

CYCLE DE LA SCUOLA DI SANT'ORSOLA

LE MARTYRE ET LES FUNÉRAILLES DE SAINTE URSULE : PARTIE DROITE

1493

Huile sur toile, 271 x 561 cm (entier)

Galeries dell'Accademia, Venise

La passion légitime de Vittore Carpaccio pour les illustrateurs de son temps transparaît dans cette œuvre conçue comme la double page d'un livre (p. 33). Dans cette partie droite, se déroulent les funérailles d'Ursule, qu'accompagne un cortège recueilli de prélats, de dignitaires et d'amis. A l'encontre du chaos hâtivement maîtrisé, le caractère solennel et pieux des obsèques de la sainte martyre est plus convaincant.
Jouant sur l'effet des contrastes, à l'action désordonnée, Carpaccio fait succéder la rigueur et la fixité, à la cacophonie, il oppose le silence. Les mêmes rapports de masse et de repos équilibrent les deux pages et les hiérarchies bien qu'inverses sont scrupuleusement respectées. Soutenue par les nombreux portraits qui marquent l'identité des officiels, l'image du catafalque de la sainte sortant de la composition rejoint l'espace du spectateur et la diagonale puissante et dynamique qui étaie cette ultime description suggère l'élévation des corps et des esprits.
Enfin, après avoir parcouru une horizontale finement décorée, l'œil s'arrête sur l'architrave du mausolée où il est inscrit en lettres capitales : « URSULA ».

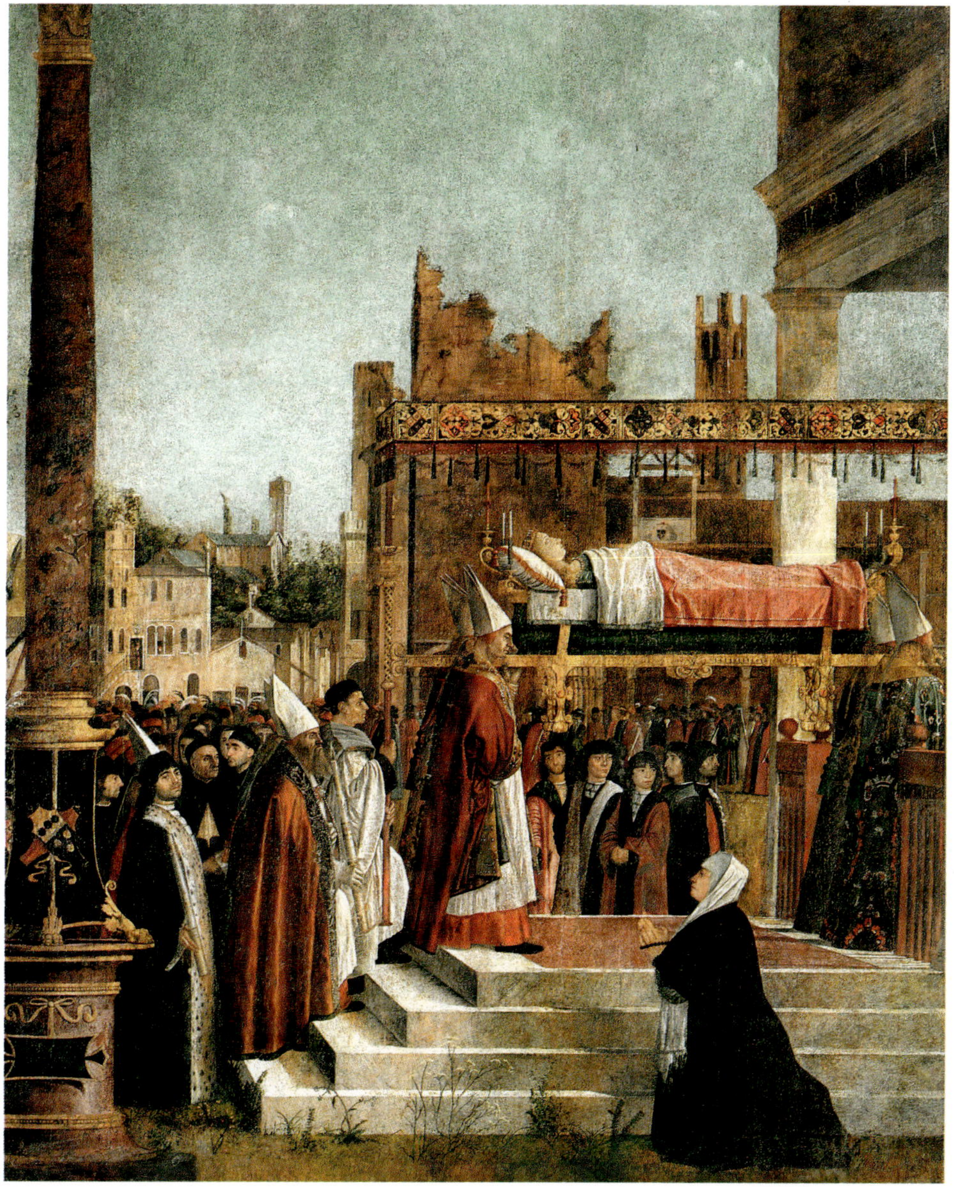

CYCLE DE LA SCUOLA DI SANT'ORSOLA

L'APOTHÉOSE DE SAINTE URSULE

1491

Huile sur toile, 481 x 336 cm

Galeries dell'Accademia, Venise

Point final au cycle de la *Légende de sainte Ursule,* cette dernière toile, bien qu'exécutée en second lieu, diffère spatialement de l'ensemble, puisqu'il s'agit d'un retable d'autel. Ursule, accueillie au ciel par Dieu le Père, qui s'apprête à lui remettre la couronne céleste, est entourée de ses onze mille compagnes, lesquelles ont rassemblé, dans une seule gerbe leurs palmes du martyre, afin de lui confectionner un piedestal.

Au fond, à gauche, dans un paysage encombré, le prince Etheré se précipite, à cheval, hélas trop tardivement. Conforme au genre et à sa destination, riche de son décor architectural et de ses multiples angelots, cette œuvre, à la manière de Bellini, est typique de l'art vénitien de la fin du *Quattrocento*. L'invention naïve et un peu fruste, qui la fit longtemps considérer comme tardive, a été récemment remise en cause quant aux évidentes qualités chromatiques révélées par une nouvelle restauration.

Pourtant, il reste indubitable que Carpaccio est intervenu à maintes reprises sur cette œuvre. Soit pour y ajouter les portraits de ses donateurs soit pour la réadapter à un nouvel emplacement. De surcroît, on estime qu'à la suite de ces diverses modifications, il a pu la refaire entièrement. Un dessin préalable particulièrement minutieux et une somme importante de cartons d'exécution, ou poncifs, préparés par le peintre, tendraient à le prouver.

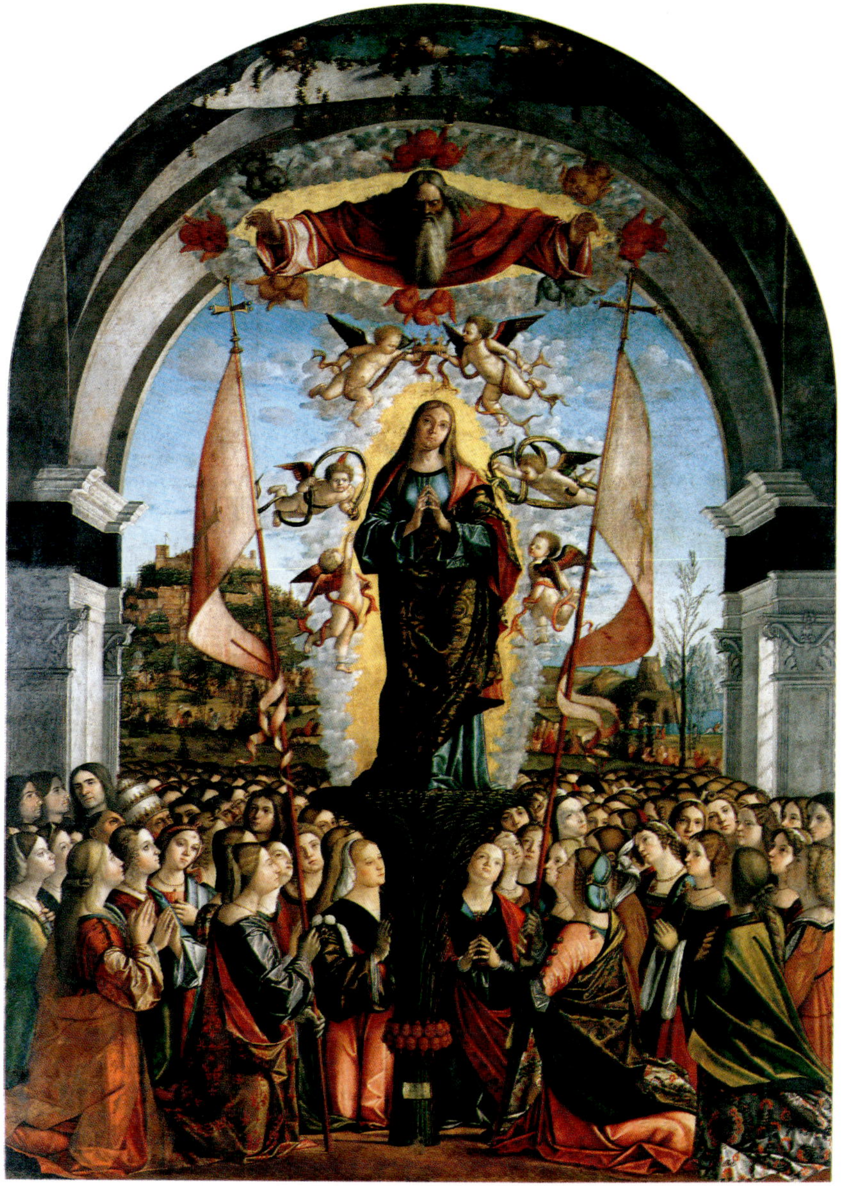

DEUX COURTISANES

vers 1498

Détrempe sur bois, 94 x 64 cm

Musée Correr, Venise

Le tableau est depuis fort longtemps l'objet d'une littérature abondante concernant tant le sujet que les divers symboles qui l'entourent. Initialement intitulé *Deux dames vénitiennes*, c'est le critique anglais John Ruskin qui, à la fin du XIXe siècle, consacra cette nouvelle appellation, universellement reconnue, *Les courtisanes*.

De Gabriele D'Annunzio à Marcel Proust, bon nombre d'écrivains célèbres se sont pris d'enthousiasme devant la fascination romantique et suggestive de cette œuvre hors du commun. Les animaux, les objets, les plantes appartiendraient, selon eux, au monde de Vénus et participaient, soi-disant, à l'environnement quotidien des prostituées de Venise. Les deux personnages féminins eux-mêmes, dans le costume et la pose, synonymes d'abandon et d'oisiveté, exhaleraient un parfum de luxure que la différence d'âge et la ressemblance confineraient jusqu'au saphisme. Au-delà de ces controverses et billevesées, c'est l'espace même de la toile qui intrigue. L'habitude, démontrée par Carpaccio, concerne de vastes scènes ou des portraits serrés, mais jamais ce huis clos arbitrairement cadré où la perspective du balcon à droite attend par symétrie une réponse, et où les regards se perdent dans le vide.

Maintes fois rapprochée de *La chasse sur la lagune* (p. 1) dont elle serait la partie inférieure – les lys de l'une proviendraient exactement du vase de l'autre, et le support employé est également le bois – la corrélation entre les deux images est aujourd'hui admise sous un titre générique plus modéré : *L'attente*. Désormais, grâce au jeu de l'inversion des signes, ces nobles dames, surprises dans leur intérieur, désœuvrées et mélancoliques, guettent le retour de leurs maris, fort occupés à une chasse au canard. L'enfant, messager entre deux mondes, trouve ici une explication probante, et on se plaît à imaginer quelle composition plus large pouvait contenir ces fragments uniques.

Jamais la palette de Vittore Carpaccio n'avait brillé d'un éclat si surprenant.

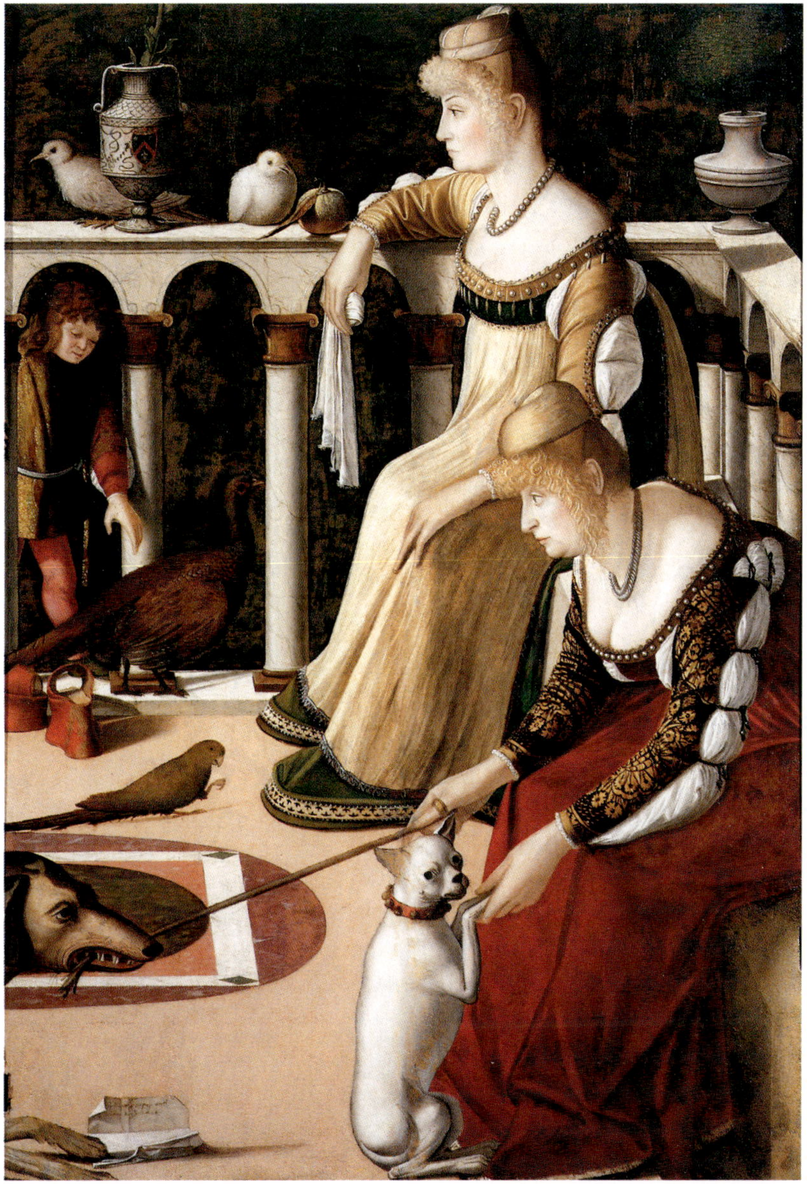

CYCLE DE SAN GIORGIO DEGLI SCHIAVONI

LA VOCATION DE SAINT MATTHIEU

1502

Huile sur toile, 141 x 115 cm

Scuola di San Giorgio degli Schiavoni, Venise

Abrité dans l'un des rares lieux préservés de la Renaissance vénitienne, cet ensemble fut probablement motivé par le don à la Scuola, en 1502, d'une relique de saint Georges, son principal saint patron. La disposition des œuvres, certainement inchangée depuis l'origine, se divise en quatre cycles : un cycle évangélique, le cycle de saint Jérôme, le cycle de saint Georges et une seule toile en l'hommage de saint Tryphon. Un tableau représentant la Vierge et l'Enfant, qui orne l'autel, n'aurait été déposé à cet endroit qu'au milieu du XIXe siècle, et il est supposé que l'un des fils de Carpaccio, Benedetto, en fit l'exécution d'après un carton de son père.

Achevée dès 1502, cette toile, comme son pendant *Le Christ au jardin des Oliviers* (p. 43), frappe par la rigueur et la systématisation de l'agencement des plans dans l'espace. Pourtant, l'introduction du mouvement, souligné par le passage de saint Matthieu d'un lieu à un autre, renforce la composition diagonale fortement marquée par l'angle du tissu déposé sur l'étal de l'échoppe. Cet espace marchand – le saint revêt le costume distinctif des usuriers juifs de l'époque – semble, dans ses objets et sa coloration, être la continuation, l'antichambre, du cabinet de saint Augustin (p. 49) ou de la cellule de sainte Ursule (p. 29).

Le mur perpendiculaire et occulte accentue la facialité affirmée des ouvrages de l'arrière-plan, l'œil se retrouve littéralement happé par l'étrangeté du "motif" – coiffure ou masque mortuaire – qu'encadre l'ouverture en plein cintre de la haute tour. Protégé par l'oblique de l'auvent relevé, le groupe compact des personnages est dominé par la figure affable du Christ dont le rouge accentué de la robe ordonne la tonalité générale et symbolise sa Passion prochaine.

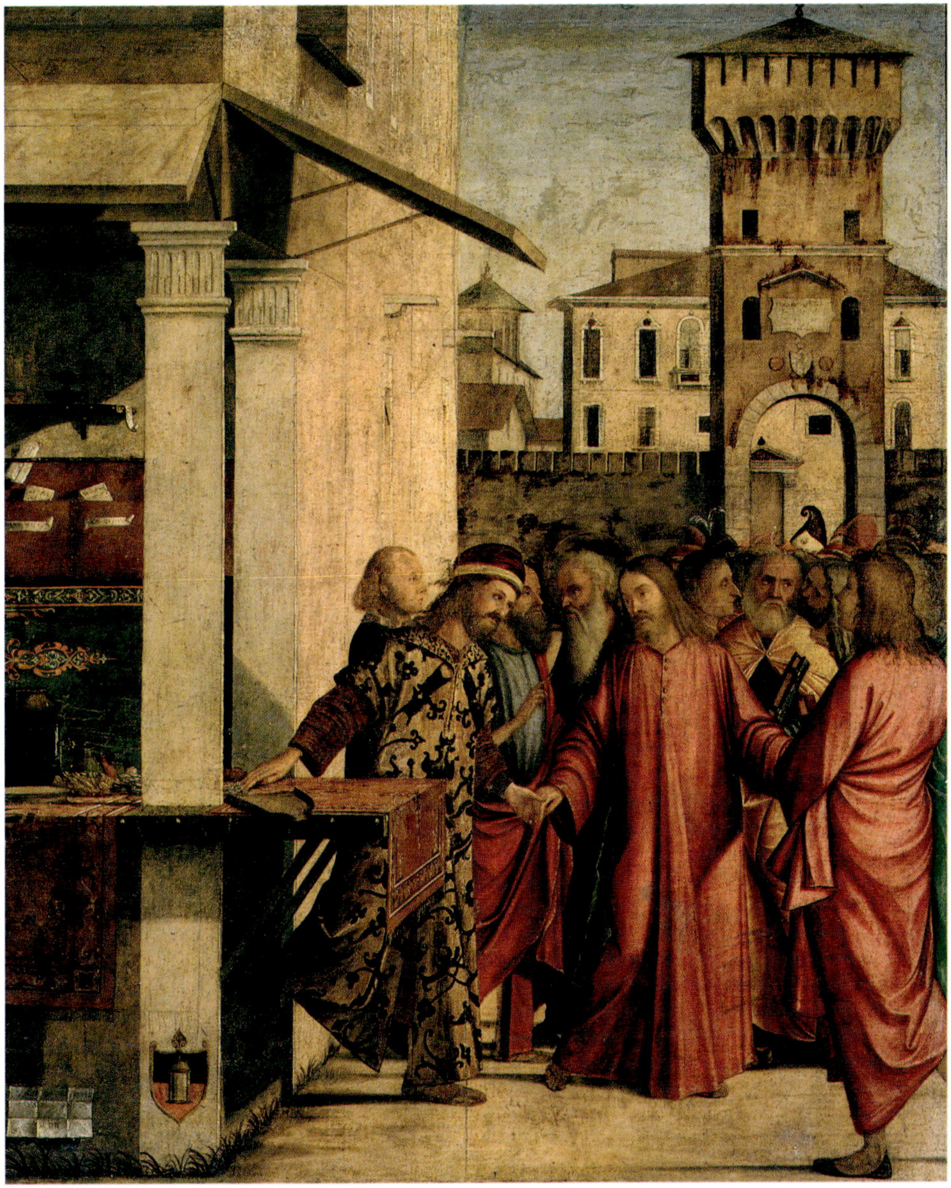

CYCLE DE SAN GIORGIO DEGLI SCHIAVONI

LE CHRIST AU JARDIN DES OLIVIERS

vers 1502

Huile sur toile, 141 x 107 cm

Scuola di San Giorgio degli Schiavoni, Venise

Ce tableau est frappé du même blason que *La vocation de saint Matthieu* (p. 41). Ces œuvres furent donc bien commandées par le même donateur, pour former une paire. La singularité de celle-ci s'exprime dans un archaïsme volontairement sombre, dans la pure tradition narrative padouane, à travers Giotto et Mantegna.

La composition élaborée par Carpaccio renvoie explicitement à une version plus ancienne de Giovanni Bellini, conservée à la National Gallery de Londres, et supplante en gravité une tentative contemporaine de Giovanni Battista Cima da Conegliano, aujourd'hui à Berlin. Si la manière "mantegnesque" est indiscutable, en revanche, la générosité des couleurs et la subtilité de l'éclairement sont novatrices.

Dans le paysage à droite, l'effet lumineux révèle une Jérusalem supposée et n'est pas sans évoquer les facéties d'un Jérôme Bosch. Inscrite dans le développement vertical de la toile, sorte de contrepoint à l'attitude orante du Christ, la position recroquevillée de saint Pierre, couché sur son caillou, est sans précédent. De même, la grâce gothique qui illumine le visage endormi et imberbe, au centre du premier plan, se retrouve dans toute l'histoire de l'art.

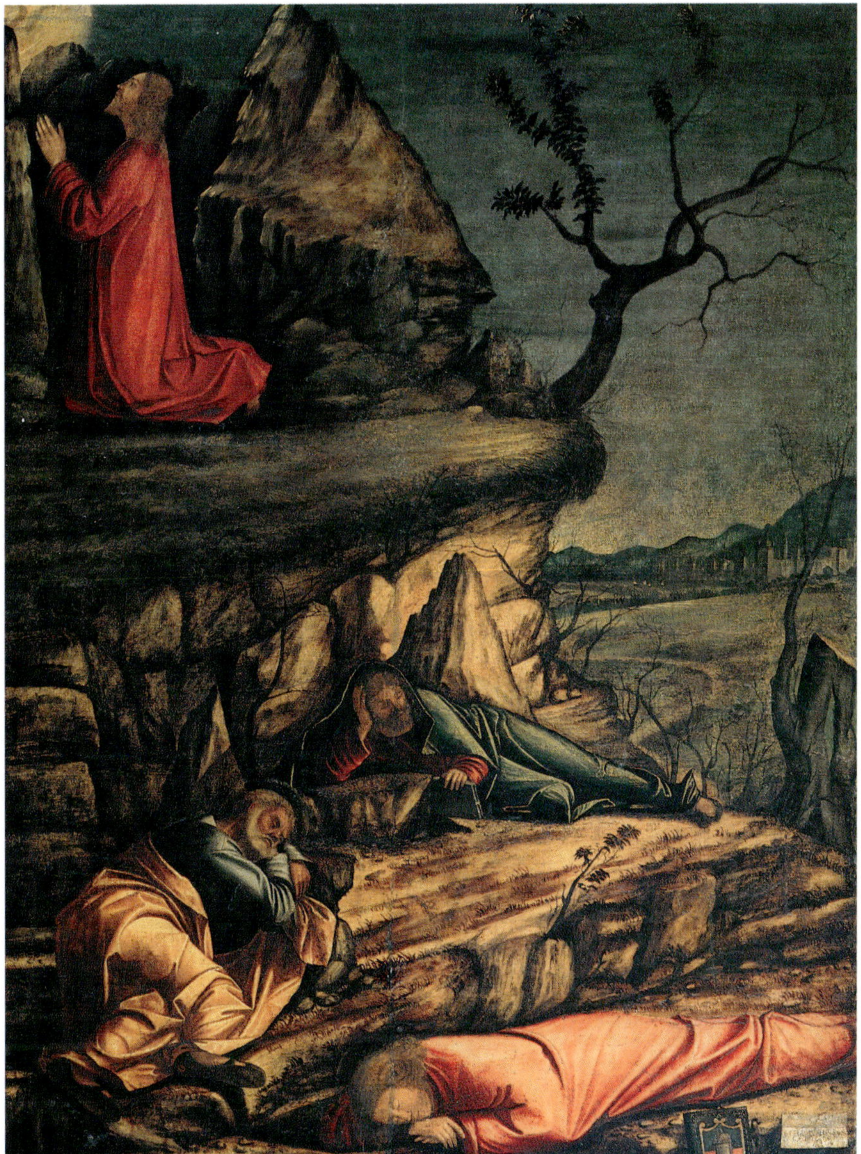

CYCLE DE SAN GIORGIO DEGLI SCHIAVONI

SAINT JÉRÔME RAMÈNE LE LION AU MONASTÈRE

——— vers 1502 ———

Huile sur toile, 141 x 211 cm

Scuola di San Giorgio degli Schiavoni, Venise

Dans ce premier épisode, saint Jérôme, alors évêque de Split retiré à Bethléem, ramène au monastère un lion blessé, qu'il a apprivoisé et qui restera près de lui jusqu'à la fin de ses jours. Le fauve, docile et reconnaissant, montre avec un sourire d'excuse sa patte ensanglantée et souffrante, d'où le saint homme vient d'extraire une énorme épine. L'espace enclos du couvent, où s'ébat une ménagerie variée – lièvres, daims, castors, antilopes – symbole de la générosité de saint Jérôme, serait une représentation exacte de la place dominée par la Scuola de San Giorgio, telle qu'elle existait à l'époque, et par l'église attenante de San Giovanni al Tempio.

L'arrivée du pauvre lion ne manque pas de semer un vent de panique, exploité par le peintre de manière humoristique, rompant avec le sérieux habituel qui entoure l'hagiographie du Saint. L'arbre majestueux qui orne le centre de la composition trouve sa continuité dans la canne de saint Jérôme. De part et d'autre, la course hagarde des moines, ceints de leur habit blanc et bleu, décrit autant d'obliques que de touches colorées éblouissantes, et ce, dans tous les plans successifs de la toile. Le point de départ de ces fuyantes est orchestré par saint Jérôme lui-même, de l'endroit précis où son bâton touche le sol.

Quelques années plus tard, seul Brueghel le Vieux, peignant sa *Parabole des aveugles* (musée du Louvre) saura en tirer leçon et profit.

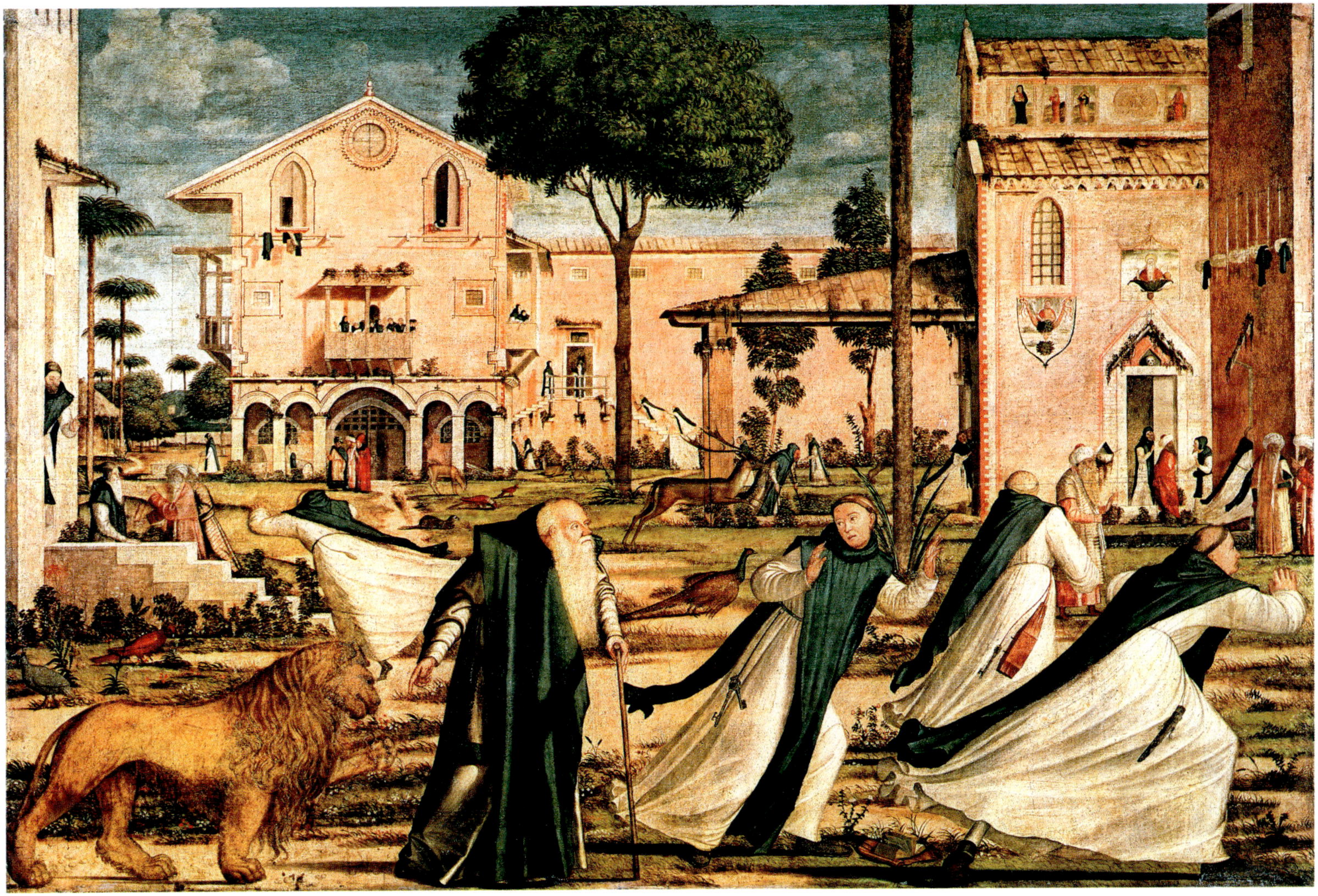

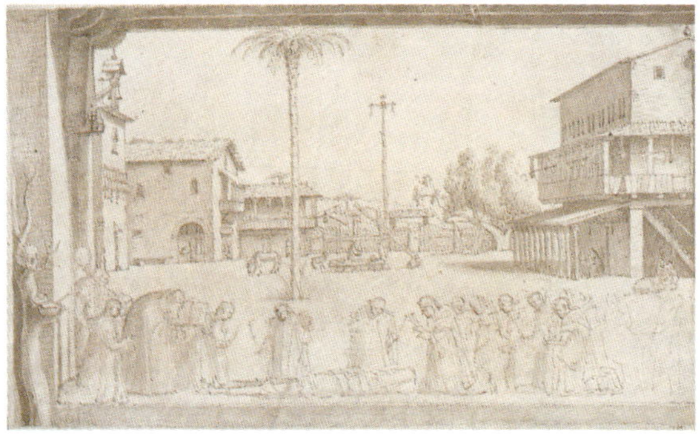

CYCLE DE SAN GIORGIO DEGLI SCHIAVONI

LES FUNÉRAILLES DE SAINT JÉRÔME

1502

Huile sur toile, 141 x 211 cm, Scuola di San Giorgio degli Schiavoni, Venise

Ci-dessus : Dessin préparatif, plume et aquarelle, 27 x 42 cm, bibliothèque de l'Université, Uppsala

Cédant à son penchant naturel pour l'orientalisme, Carpaccio ne résiste pas à distribuer, çà et là, en touches discrètes ou prononcées, de courtes anecdotes d'un exotisme parfois douteux. L'arrière-plan, campé dans un paysage théâtral légèrement embrumé, est séparé de la scène principale par un immense palmier, sec et ébouriffé, retenant enchaîné à sa souche, un bien étrange animal : une mangouste.

Allongée sur sa couche funéraire sans catafalque, par humilité, la dépouille du saint homme épouse parfaitement le cadre continu qui entoure et resserre du même coup l'ensemble de la composition. Ce premier plan, très proche, invitant le spectateur à se joindre à ce recueillement, est disposé en un registre d'égale constance, où les chasubles bleues et blanches répondent en rythme psalmodié à la liturgie inscrite dans le livre.

De part et d'autre, deux obliques – croix et baldaquin – accompagnées d'ombres portées forment une sorte de dais, et sont, sur le plan pictural, d'une intelligence instruite par la méthode flamande. Les différences notoires, entre le dessin et la toile peinte, tiennent essentiellement à ce cadre et à l'augmentation importante du vide central qui, symboliquement, éloigne le monde des morts de celui des vivants.

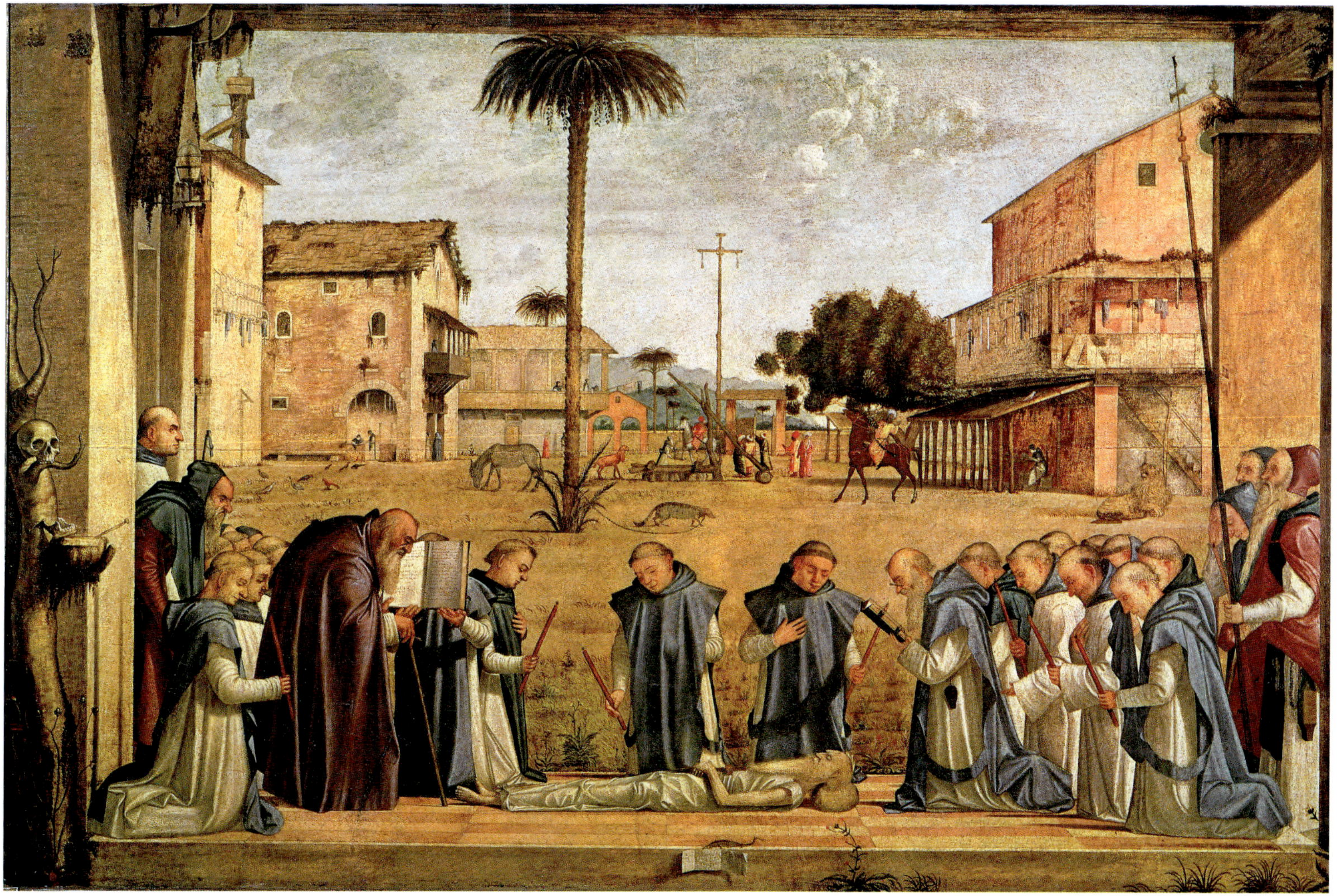

CYCLE DE SAN GIORGIO DEGLI SCHIAVONI

LA VISION DE SAINT AUGUSTIN

—— 1502 ——

Huile sur toile, 141 x 211 cm

Scuola di San Giorgio degli Schiavoni, Venise

La représentation narrative emprunte volontiers à la rhétorique, pour son propre usage, quelques figures de style telle l'inversion des rôles. Ici, dans le dernier épisode de la vie de saint Jérôme, c'est de saint Augustin dont il s'agit. Dans une clarté divine, teintée de stupeur, celui-ci apprend la mort de saint Jérôme auquel il s'apprêtait à écrire au sujet de la béatitude.
Vittore Carpaccio, dans un ordonnancement méticuleux inspiré de l'École flamande, tente de restituer cette vision éblouissante et soudaine qui appartient à l'esprit. Cohésion spirituelle et physique, la lumière est là pour elle-même, sujet propre à l'intérieur du sujet, décrite, ou énoncée, comme principe fondamental de l'Art. Dans cette logique, l'homme savant, érudit, assis devant sa table de travail, témoigne de ses aspirations intellectuelles et de cette volonté d'humanisme de la fin du XVe siècle.
Les objets alentours, dans leur fonction ou leur symbolique – la sphère astrale dite armillaire, les sculptures, la bibliothèque, les ornements du culte – attestent de cette attitude partagée entre le sacré et le profane. Le philosophe Michel Serres dénombra, comptant scrupuleusement les livres rangés ou épars, ainsi que les partitions musicales, quatre-vingt-quatorze volumes correspondant très exactement aux témoignages spirituels de saint Augustin.
Enfin, toute cette immobilité vibrante trouve sa synthèse dans la fixité attentive du petit chien, un bichon maltais. Très en vogue à l'époque, cette petite racee canine aurait été introduite à Venise par Marco Polo. Ce choix de Carpaccio, et précisément dans cette œuvre, exprime sa préoccupation de se rapprocher toujours plus de la réalité quotidienne.

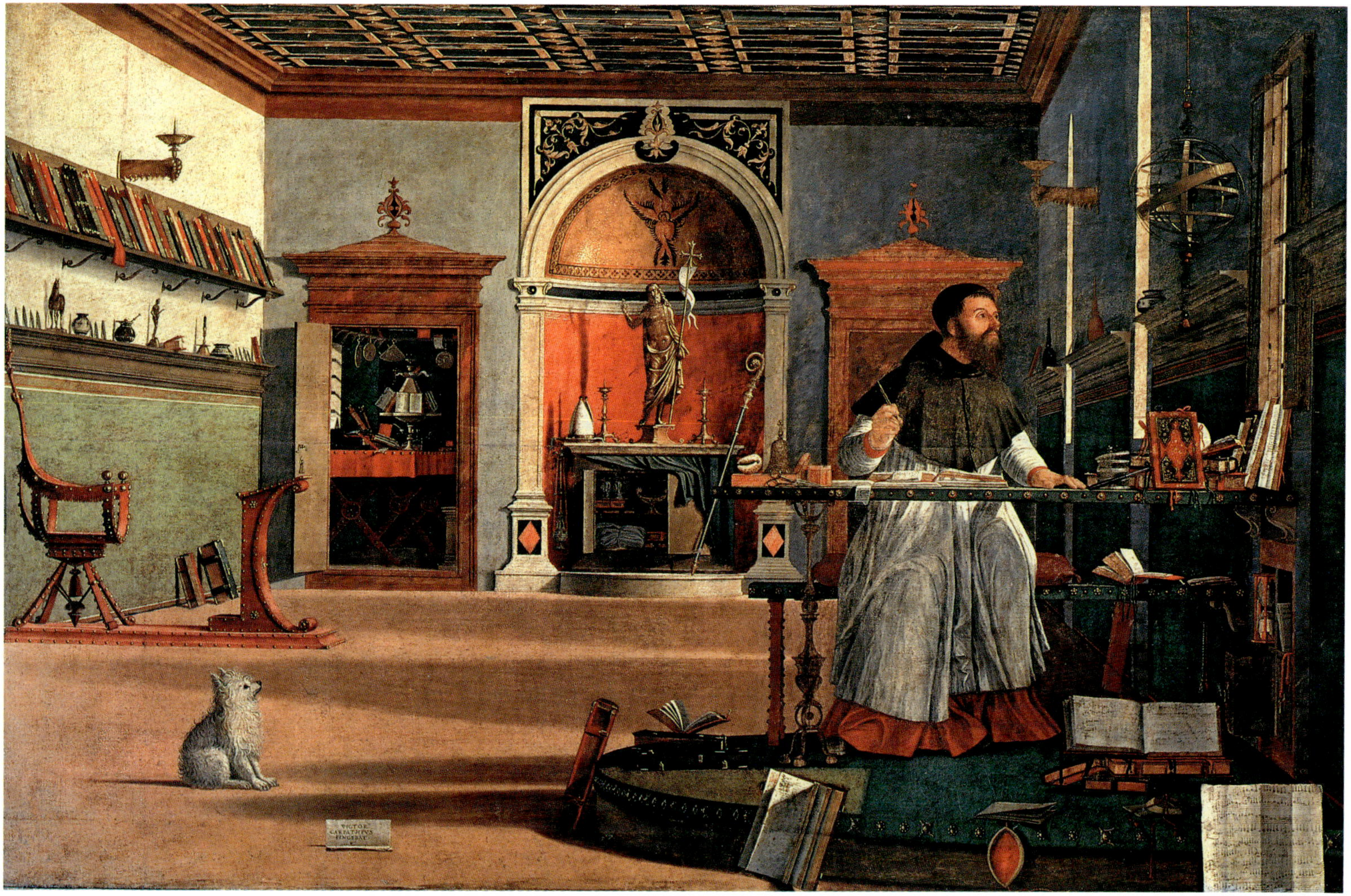
VICTOR

CYCLE DE SAN GIORGIO DEGLI SCHIAVONI

SAINT GEORGES ET LE DRAGON

1502-1507

Huile sur toile, 141 x 360 cm

Scuola di San Giorgio degli Schiavoni, Venise

L'ingénuité poétique des contes ou des légendes a très souvent donné naissance à des représentations magistrales dont la fréquence et la continuité leur ont conféré valeur de code. Les variations sur le thème de saint Georges sont fort nombreuses et leur examen, soit chez le même auteur soit d'un individu à l'autre, serait à lui seul un sujet débordant. On se souvient, entre autres, que Paolo Uccello en fit deux versions étonnantes, contrariées par les lois de la perspective et par l'émotion même du peintre. La tradition chevaleresque qui recouvre saint Georges et sa monture n'ont d'autre source que les romans français des XIIe et XIIIe siècles, apportant un parfum de nostalgie fort prisé des milieux littéraires.

Il est indéniable que Carpaccio prend plaisir à cette description, en étirant jusqu'aux extrêmes limites de l'espace de la toile, l'expressivité nécessaire de la scène et la morbidité voulue qui l'accompagne. Version chrétienne du mythe de Persée, cette variante a le mérite de proposer l'éventualité d'une symbiose entre l'homme et la bête, en enveloppant dans un même mouvement ce jeu funeste d'*alter ego*.

La découpe formelle qui résulte du dessin acéré liant les deux protagonistes s'affirme immédiatement comme une sorte d'enseigne, ou, dans un langage moderne, un logotype. Si lézards et serpents pullulent sur ce sol aride, les corps mutilés qui le jonchent sont autant de leçons d'anatomie dont la difficulté, dite "en raccourci" rapproche encore du maître padouan Mantegna. Quant au paysage de l'arrière-plan, l'exotisme de son architecture est sublimé par l'audace constructive de cette tour formée de l'addition verticale de masses différentes. De plus, c'est de cette tour que les véritables spectateurs de la scène peuvent contempler le carnage qui se déroule sous leurs yeux.

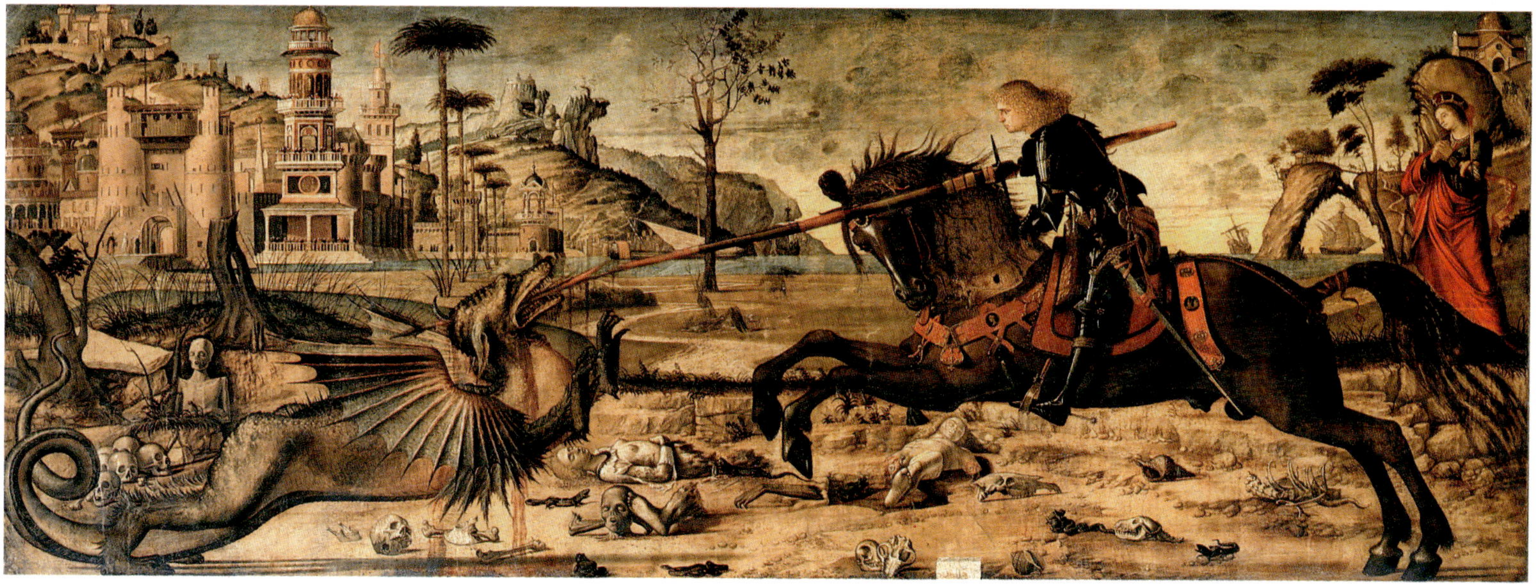

CYCLE DE SAN GIORGIO DEGLI SCHIAVONI

SAINT GEORGES ET LE DRAGON : DÉTAIL

1502-1507

Huile sur toile

Scuola di San Giorgio degli Schiavoni, Venise

A Sélène, ville de Lybie, vivait près d'un lac un dragon qui, menaçant les habitants de cette ville, exigeait d'eux que lui soient sacrifiés, chaque jour, d'abord des brebis, puis des êtres humains. Un tirage au sort désignait jeunes gens et jeunes filles, et bientôt, vint le tour de la fille unique du Roi. « Or saint Georges passait par hasard par là. » C'est en ces termes, empreints de naïveté et de fraîcheur, que Jacques de Voragine, dans sa *Légende dorée*, justifie la présence du saint chevalier. « Saint Georges vit qu'elle pleurait et lui demanda ce qu'elle avait et elle lui répondit : "Bon jeune homme, monte bien vite à cheval et hâte le pas afin que tu ne périsses avec moi !" »

Carpaccio raconte ce dénouement terrible où saint Georges, rutilant et vengeur, plonge une lance exercée au tréfond de la gueule du monstre sous l'œil reconnaissant de la princesse (p. 51). L'art de Carpaccio est un grand livre ouvert où son amour du conte n'a d'équivalent que sa joie à être raconté. Le visage éploré et grave de la jeune fille, auréolé de son rocher, n'est pas sans évoquer la sainte figure d'Ursule, et le paysage "déjà vu" dans lequel il s'inscrit confirme les nombreuses ré-utilisations qu'opère sans vergogne Vittore Carpaccio.

L'armure noire de saint Georges préfigure le *Portrait d'un chevalier* (p. 61), et le harnachement de son cheval, fait de cuir rouge, pour plus de violence encore, s'enrichit de pierres précieuses, de camés et de clous dorés.

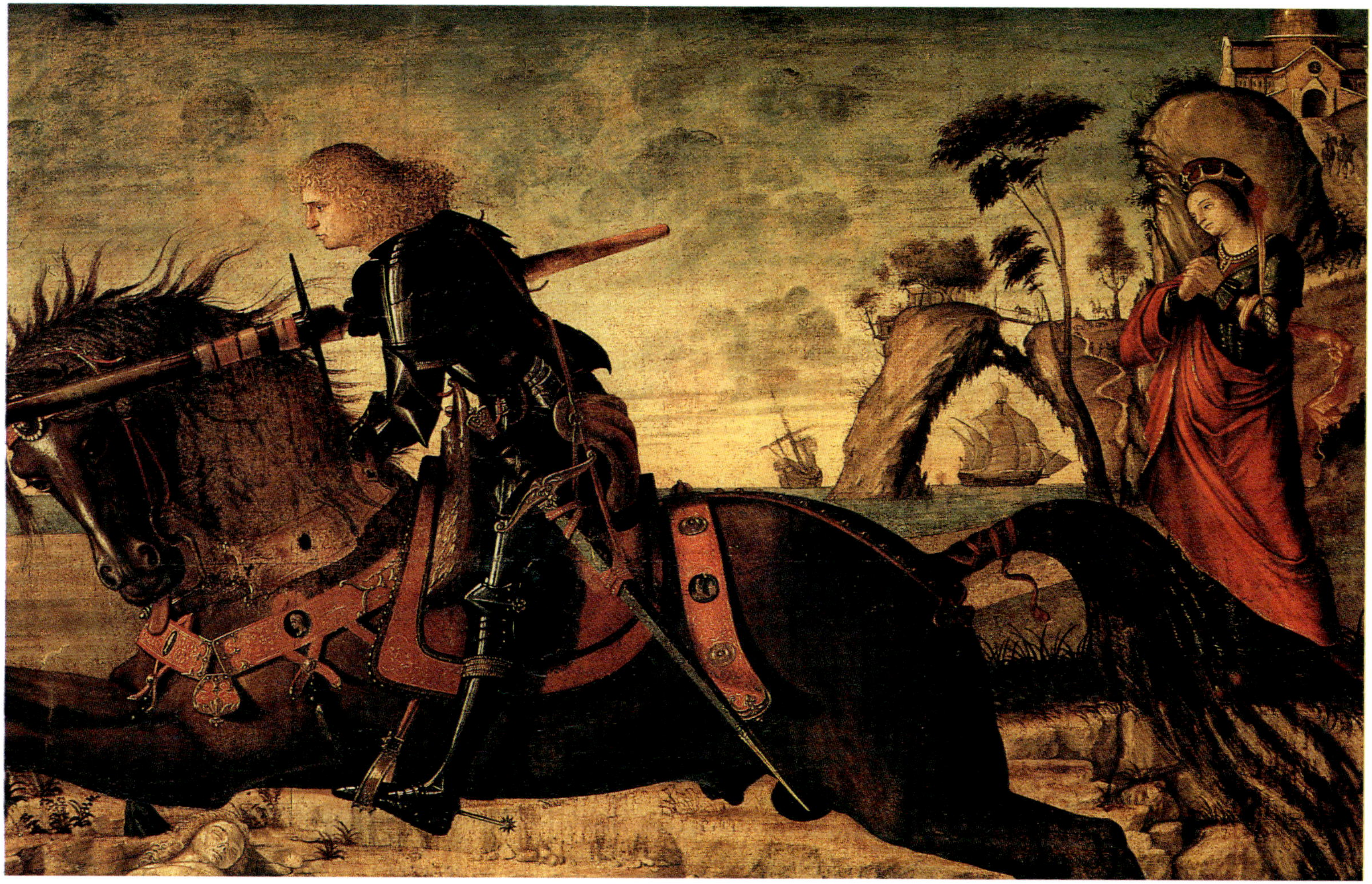

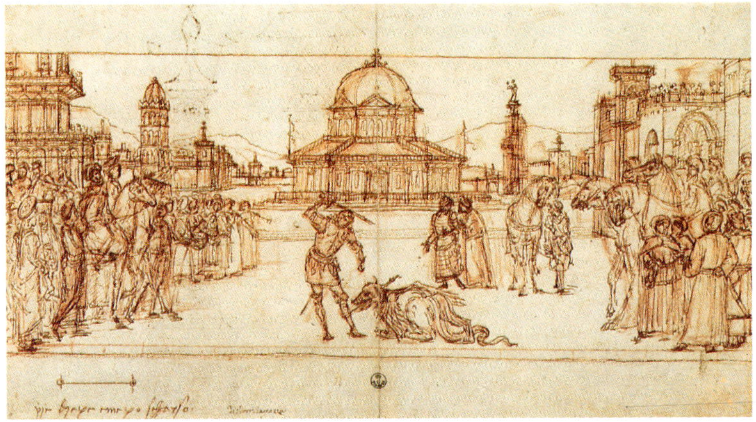

CYCLE DE SAN GIORGIO DEGLI SCHIAVONI

LE TRIOMPHE DE SAINT GEORGES

1502-1507

Huile sur toile, 141 x 360 cm, Scuola di San Giorgio degli Schiavoni, Venise

Ci-dessus : Dessin préparatoire, sanguine et plume, 23,5 x 41,9 cm, galerie des Offices, Florence

Le geste figé de saint Georges, brandissant son épée, n'est pas l'image instantanée d'un mouvement suspendu assénant le coup de grâce. Ce corps arrêté, dans une pose archétypique, est bien celui de l'attente, longue et lourde de conséquences puisqu'il engage la conversion du roi Aia et de ses sujets. « Ce jour-là, dit la légende, vingt mille hommes furent baptisés, sans compter les enfants et les femmes. »

La composition, vaste et aérée, bien que recentrée sur l'image du monstre, est basée sur des principes simples, mais efficaces, de la perspective. Le point de fuite, situé juste au-dessus de la tête de saint Georges, permet à Carpaccio de déplacer l'architecture centrale vers la droite, afin de créer une ouverture vers l'arrière-plan et faire circuler la lumière. Plus que pour toute autre toile, Carpaccio a accumulé bon nombre de dessins, existants ou supposés, afin de maîtriser dans ses moindres détails la vigueur de son entreprise. Attitudes, vêtements, chevaux, constructions ont fait l'objet de nombreuses études, confirmées par l'étroite cohérence que suggère l'ensemble de cette œuvre.

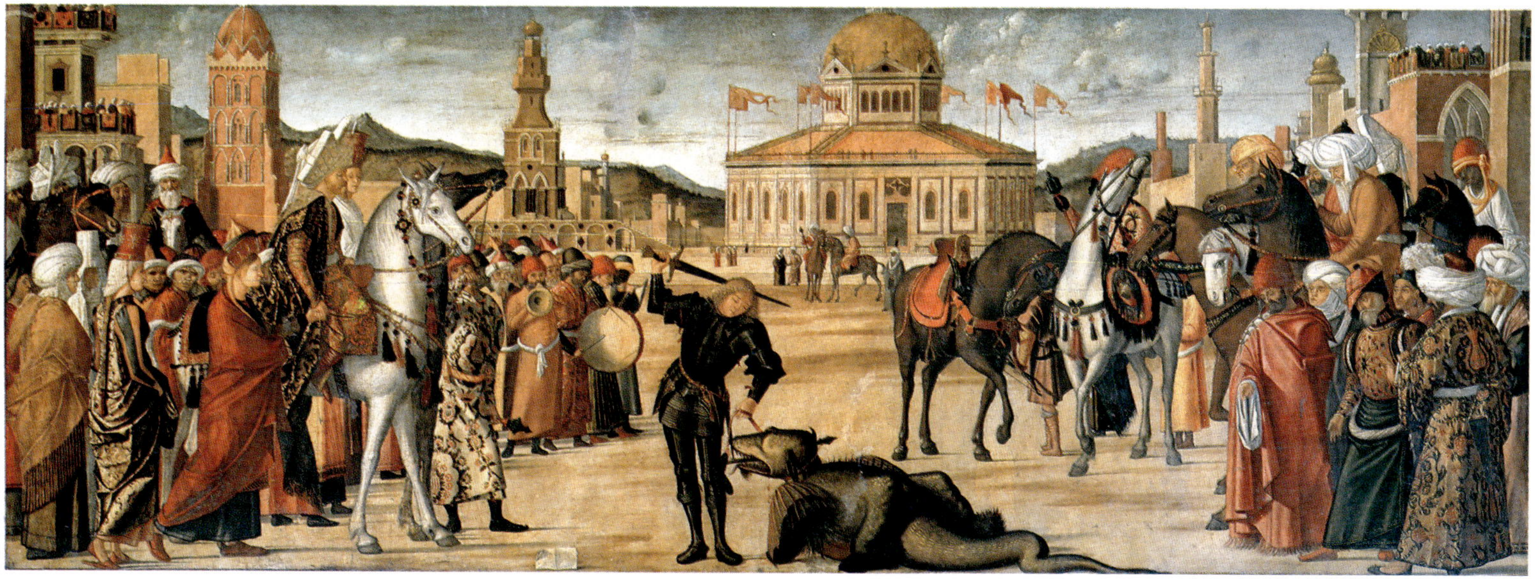

CYCLE DE SAN GIORGIO DEGLI SCHIAVONI

SAINT GEORGES BAPTISANT LE ROI ET LA PRINCESSE

1507

Huile sur toile, 141 x 285 cm

Scuola di San Giorgio degli Schiavoni, Venise

A l'analyse de la troisième et dernière partie du cycle de saint Georges, John Ruskin fit remarquer que les moyens employés pour baptiser le Roi et la Princesse sont à la hauteur de la tâche. L'écuelle est profonde et le bassin qui recueille l'eau lustrale si peu aisé qu'il éclabousse et souille le manteau de saint Georges, toujours revêtu, nonobstant, de son armure. La moue dédaigneuse et le retrait soigneux affichés par ce dernier, auxquels font écho le grotesque des bonnets rouges et poilus, sont un exemple rare de cet humour dont raffole Carpaccio.
Si, dans la toile précédente, les monuments sont une sorte de "collage" de bâtiments bien réels et existants – clocher et façade du Saint-Sépulcre, mosquée de Rome – les marches du palais sur lesquelles se déroule la scène principale n'identifient en rien le reste de la construction, apparemment somptueuse.
Au centre, ce qui ressemblerait à un baptistère, d'inspiration stylistique composée, mais décrit avec simplicité, aurait largement influencé l'architecte vénitien Lombardo. Là encore, les règles perspectives habitent l'ensemble de l'œuvre, mais la composition des personnages, au premier plan, débutant dans un jaillissement de cercles, s'achemine, par l'ellipse, vers les obliques, pour s'achever verticalement. Enfin, la pauvreté décorative de l'estrade qui supporte les musiciens n'est autre qu'un ajout tardif, signalant l'encadrement prévu pour une ouverture ou une porte.

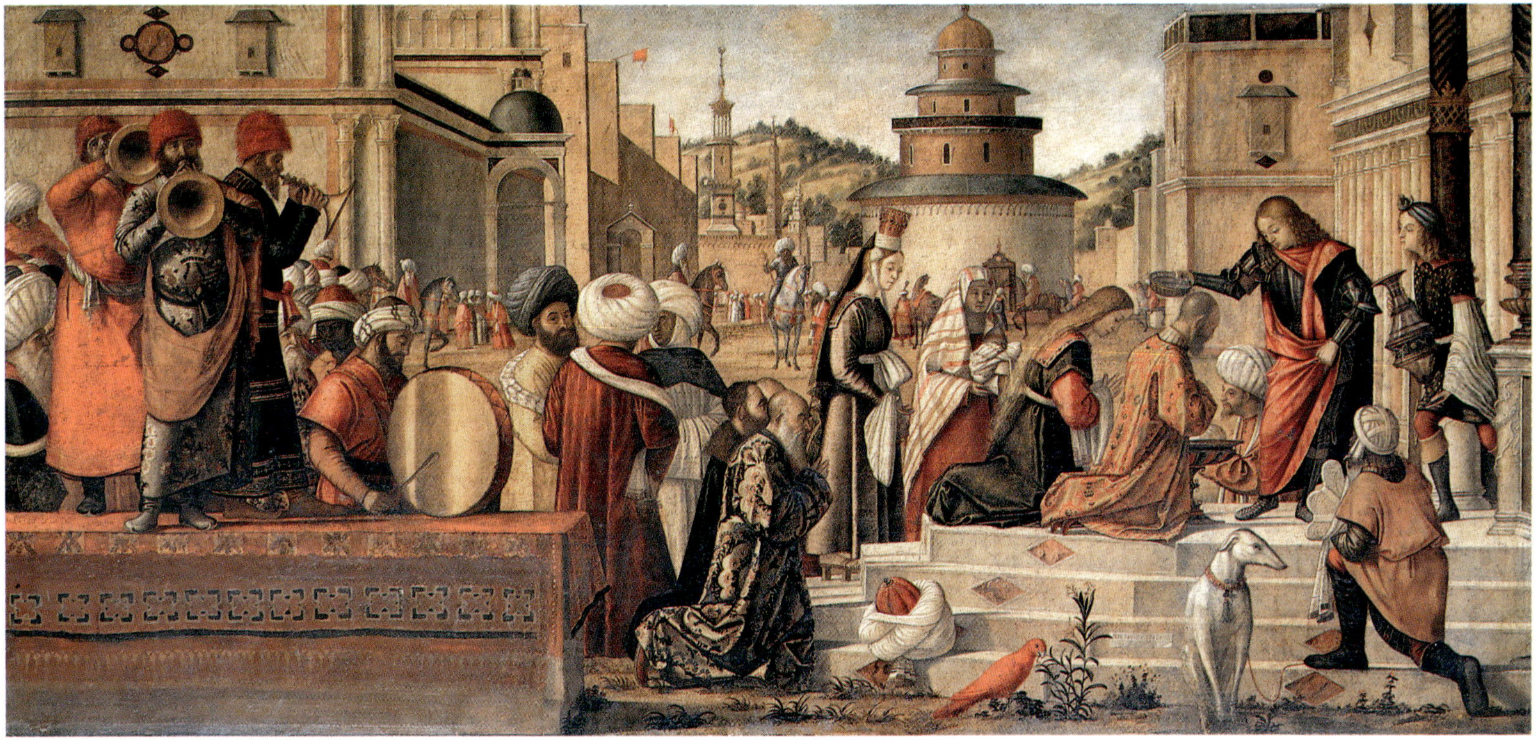

CYCLE DE SAN GIORGIO DEGLI SCHIAVONI

SAINT TRYPHON EXORCISE LE DÉMON

——— vers 1507 ———

Huile sur toile, 141 x 300 cm

Scuola di San Giorgio degli Schiavoni, Venise

Saint Tryphon, qui aurait vécu au IIIe siècle, était le saint patron de la ville dalmate de Kotor. Depuis sa plus tendre enfance, ce personnage assez obscur aurait été doué de la faculté d'accomplir des miracles et, notamment, d'exorciser le démon. Ainsi, l'empereur Gordien le convia-t-il à sa cour pour guérir sa fille du mal qui la rongeait.

Esquissé sous les traits d'un enfant par Carpaccio, qui donne au malin extirpé les attributs d'un griffon, le saint implorant exige de l'Empereur, en reconnaissance, sa conversion et celle de sa suite. Chacun attend le geste impérial, tandis que, dans sa réflexion, Gordien scrute attentivement l'animal démoniaque, comme par hypnose. Or chacun sait que croiser le regard d'un tel monstre équivaut, sur le champ, à être transformé en statue de pierre. C'est bien la signification de la sculpture, en haut à droite, parfaite effigie, vue de face, de l'Empereur sur son trône, portraituré de profil.

Si le centre scénique de la composition appartient au saint et à son animal fétiche (supposé emprunté à Martin Schöngauer), la circulation du regard a tôt fait d'utiliser les obliques des escaliers pour parcourir l'une et l'autre des deux loggias, en opposition de style, dont la confrontation et les qualités intrinsèques sont sans équivalent. L'ouverture, au centre, introduit dans un paysage urbain, hélas fort dégradé, d'où la rigueur et la sobriété, non sans exactitude, parviennent à l'excellence. Considérée comme une œuvre faible, probablement achevée à la hâte par quelques collaborateurs, cette dernière pièce du cycle tout entier, n'en demeure pas moins fascinante. Son équilibre serein, emprunt de classicisme, l'affirmation verticale des colonnes noires, le rythme des arches successives, le jeu coloré et subtil des lourdes draperies appuyées aux fenêtres sont autant de trouvailles vouées à l'efficacité.

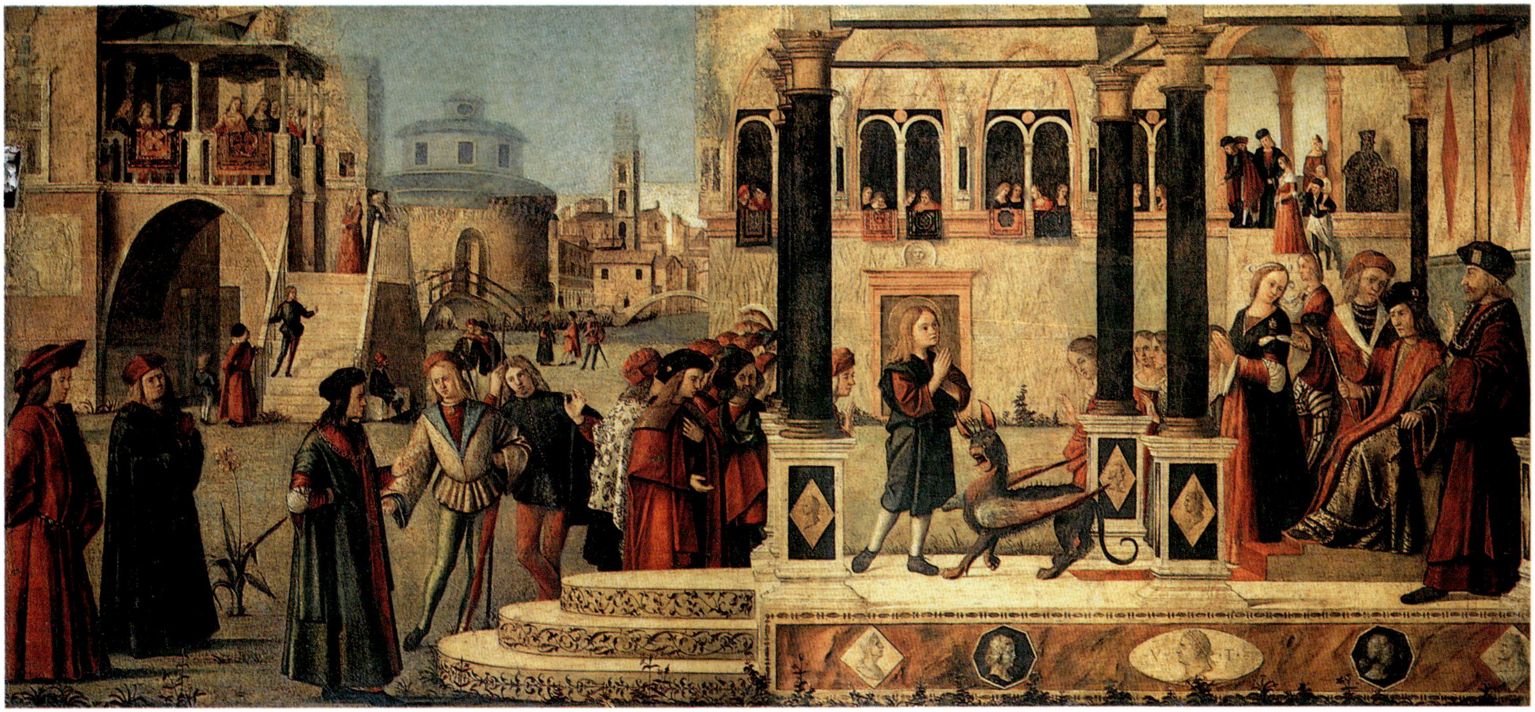

PORTRAIT D'UN CHEVALIER

1510

Huile sur toile, 218 x 151 cm

Fondation Collection Thyssen-Bornemisza, Madrid

Jadis attribuée à Albrecht Dürer – il faut se rappeller, qu'à quelques mois près, les vies des deux peintres sont quasiment parallèles – cette œuvre énigmatique serait le portrait posthume, donc idéalisé, de l'un des jeunes fils, mort, d'une haute famille vénitienne. L'homme de guerre, instruit des traditions antiques et médiévales, est représenté en armure, dont la noirceur farouche et lustrée n'est pas sans évoquer le saint Georges de la Scuola degli Schiavoni.

Bien plus qu'ailleurs, le foisonnement symbolique – objets, herbes, fleurs, oiseaux, animaux – se partage entre l'emblématique des armoiries ascendantes du chevalier et l'évocation de son propre état : sa jeunesse, sa virilité, sa noblesse et son souvenir. A titre d'exemple, en bas à gauche, l'hermine blanche, symbole de pureté et d'exigence, redouble le sens du cartouche où il est inscrit *malo mori quam foedar* (mieux vaut mourir que se salir) et confirme les couleurs en damiers du page comme celles de l'ordre de l'Ermellino.

Au-delà du portrait, c'est l'introspection dans un "paysage mental" que propose Carpaccio, traduisant sous la forme d'une fantaisie chevaleresque, la mémoire, voire l'immanence, d'une sorte de saint "laïc". Pourtant, le recentrage de la toile se fait dans un triangle lance/épée/arbre, où, plus que le visage las et triste du jeune homme, c'est le reflet de sa main dans l'armure qui fascine Carpaccio ; témoignage, s'il en est, de la parfaite connaissance du peintre des débats esthétiques et luministes de l'époque, notamment sur les mérites comparés de la sculpture et de la peinture. Dans l'angle de ce triangle, le cheval harnaché renoue avec l'horizon et juste au-dessus, une petite enseigne (d'auberge ?) lui renvoit sa propre image dans un galop effréné.

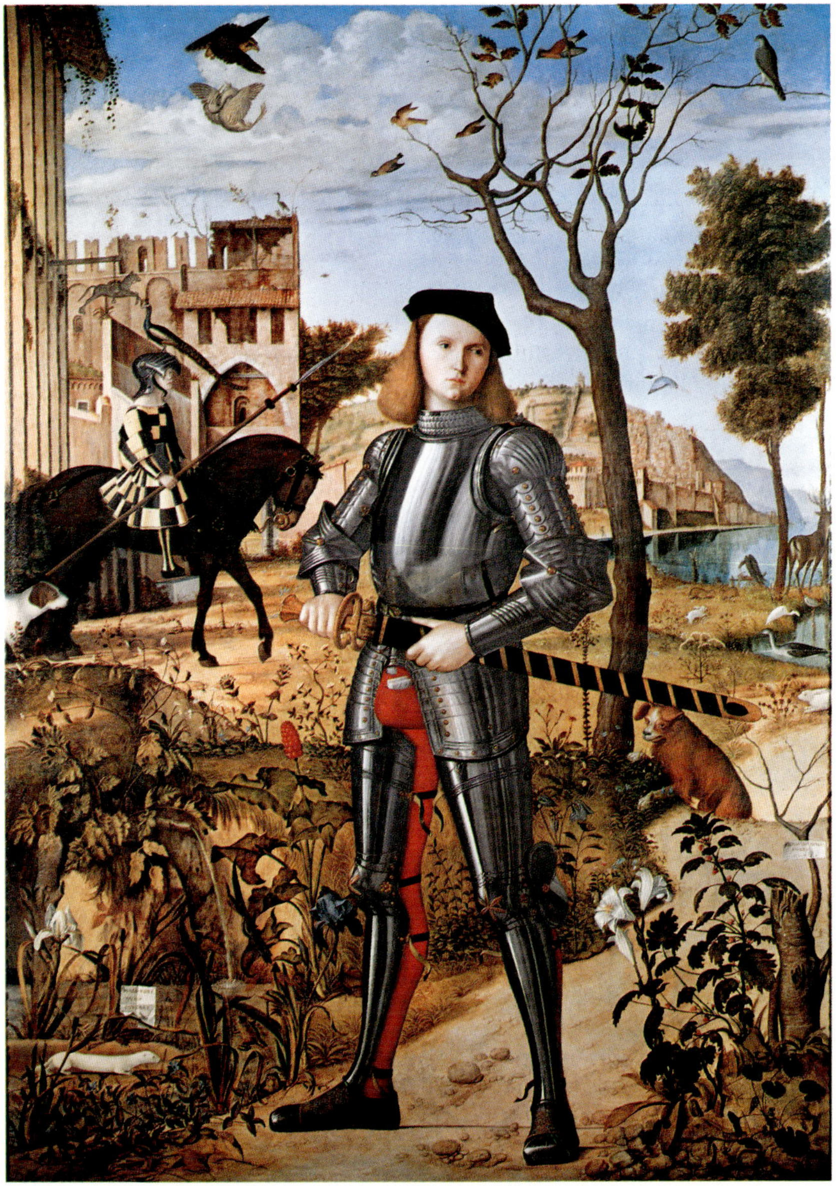

MÉDITATION SUR LA PASSION DU CHRIST

vers 1510

Détrempe sur bois, 70,5 x 86,7 cm

The Metropolitan Museum of Art, fonds John Stewart Kennedy, New York

D'une facture étonnament proche, trois toiles de Carpaccio peuvent être rassemblées sans qu'il s'agisse véritablement d'un tryptique : *La Sainte Conversation* au musée du Petit Palais en Avignon, *La déploration du Christ* à Berlin et cette *Méditation sur la passion du Christ*. Elles sont toutes trois basées sur le même processus constructif : scène principale au tout premier plan, plan médian formé de rochers et de grottes abritant des scènes diverses, vastes paysages repoussés à l'arrière-plan. Elles utilisent, en outre, la même gradation dominante de rouges que ponctuent çà et là une gamme de blancs plus ou moins ocrés.

Longtemps attribuées, pour deux d'entre elles, à Mantegna, à cause d'une signature apocryphe récemment décelée, il est toutefois incontestable que l'ensemble fait référence au maître de Padoue. On y retrouve ce même soucis de globalité où tout est décrit avec une égale minutie, cette façon si particulière d'empiler des masses rocheuses et ce goût des horizons lointains.

C'est dans cette dernière œuvre, ou *Méditation*, que Carpaccio, sans trahir ses propres préceptes d'inspiration purement vénitienne, va faire montre d'une grande simplicité de langage, de cohérence dans la concision et de ferveur contenue. Tout en s'inspirant des mystères du Moyen Age, il tente d'établir cette jonction, majeure sur le plan pictural, avec les Écoles du Nord, empruntant à Albrecht Dürer cette mélancolique douceur qui lui faisait défaut. La figure reposée du Christ, débarassé de sa couronne d'épines, partage l'image en deux parties égales dont le sens est symétriquement opposé. Les deux personnages, saint Jérôme à droite, et Job, à gauche, regardant le spectateur, assistent les derniers instants du mourant, alors qu'à la verticale du trône, un oiseau prend son envol et annonce la proche Résurrection.

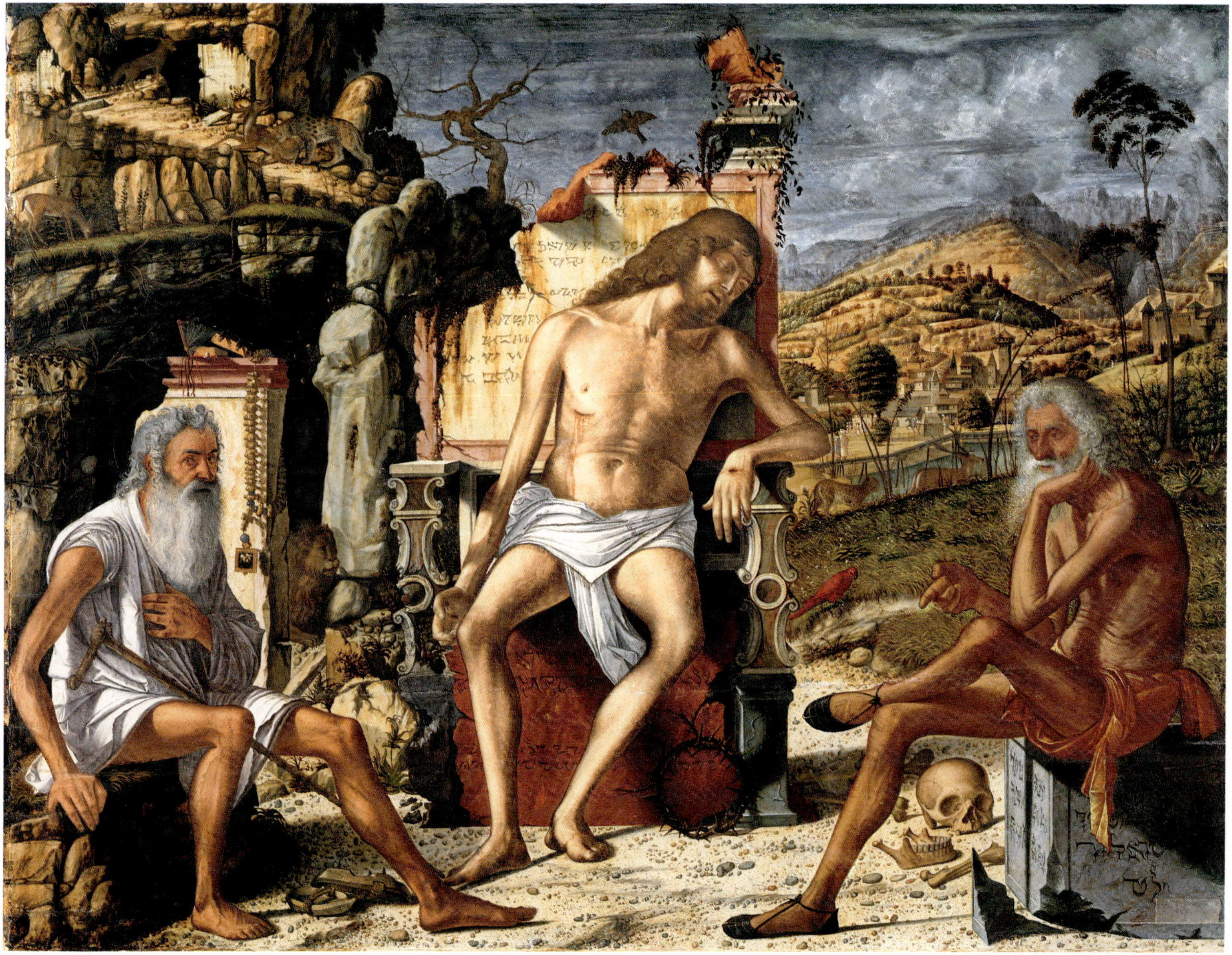

Quelques dates

1460/1465 : naissance présumée de Vittore Carpaccio. (1455/1456 pour certains.)
1472 : mention faite de l'existence de Carpaccio dans un testament où son oncle, Zuane Scarpazza, religieux, lui lègue quelques menus biens.
1490 : première date reconnue aposée près de sa signature pour *L'arrivée de sainte Ursule à Cologne*.
1491 : *L'apothéose de sainte Ursule*, datée et signée.
1494 : participe auprès de Gentile Bellini au cycle des Miracles de la Croix pour la Scuola Grande di San Giovanni Evangelista.
1495 : *Le départ de sainte Ursule* et *Le songe de sainte Ursule* sont datés et signés.
1501 : touche quatre onces de bleu outremer pour une œuvre destinée au Palais Ducal (à cette époque, il était d'usage de compléter la rémunération des artistes par cette couleur extrêmement coûteuse, fabriquée à partir du lapis-lazuli broyé).
1502 : signe et date *La vocation de saint Matthieu* et *La mort de saint Jérôme* pour la Scuola degli Schiavoni.
1507 : termine le cycle de San Giorgio : *Saint Georges baptisant le Roi et la Princesse.*
1510 : signe et date *La Présentation de Jésus au Temple* et le *Portrait d'un Chevalier.*
1514 : signe et date une immense toile d'autel *La Gloire San Vital* pour l'église du même nom à Venise.
1515 : signe et date *Le martyre des dix mille chrétiens* pour l'église Sant'Antonio di Castello à Venise. Aujourd'hui à l'Académie.
1516 : signe et date *Le lion de Saint-Marc* pour le Palais Ducal, puis le *Saint Georges et le dragon* de la basilique San Giorgio Maggiore.
1518 : est accueilli officiellement au sein de la Scuola della Carita.
1519 : date le *Polyptyque de Pozzale*, composé de cinq toiles : une Madone et quatre figures de saints.
1520 : termine le cycle de saint Étienne, commencé en 1511.
1523 : signe et date deux volets d'orgue, conservés à Kopar (Slovénie), dans l'église de l'Assomption : *Présentation au temple* et *Le massacre des Innocents*.
1527 : sa mort est attestée par plusieurs documents.

Quelques ouvrages

HUMFREY, Peter : *Carpaccio*, coll. "Les Fleurons de l'Art", Bordas, Paris, 1992.
PIGNATTI, Terizio : *Carpaccio*, coll. "Le Goût de notre Temps", Skira, Genève, 1958.
SERRES, Michel : *Esthétiques sur Carpaccio*, Hermann, Paris, 1975 ; Le Livre de Poche, Paris, 1991.
SGARBI, Vittorio : *Carpaccio*, Liana Levi, Paris, 1994.
ZORZI, Ludovico : *Carpaccio et la représentation de sainte Ursule*, coll. 35/37, Hazan, Paris, 1991.

L'Auteur

Philippe GUILLEMET est sculpteur et historien de l'art. Il enseigne à l'École Spéciale d'Architecture, à Paris.

COUVERTURE : *Le lion de Saint-Marc*, détail, voir ci-dessous p. 10.
DOS : *La prédication de saint Étienne*, vers 1514, huile sur toile, 148 x 194 cm, musée du Louvre, Paris.
FAUX-TITRE : *La chasse dans la lagune*, vers 1498, détrempe sur bois, 75,4 x 63,8 cm, The J. Paul Getty Museum, Malibu.
FRONTISPICE : *Un miracle de la relique de la Vraie Croix*, 1494, huile sur toile, 365 x 389 cm, galeries dell'Accademia, Venise.
PAGE 4 : *La procession des martyrs du mont Ararat dans l'église de San Antonio di Castello*, vers 1515, huile sur toile, 121 x 174 cm, galeries dell'Accademia, Venise.
PAGE 6 : *La naissance de la Vierge*, 1504-1508, huile sur toile, 126 x 129 cm, Accademia Carrara, Bergame.
PAGE 7 : *La Présentation de Jésus au Temple*, 1510, détrempe sur bois, 421 x 236 cm, galeries dell'Accademia, Venise.
PAGE 10 : *Le lion de Saint-Marc*, 1516, huile sur toile, 130 x 368 cm, Palais des Doges, Venise.
PAGE 11 : *La dispute de saint Étienne*, 1514, huile sur toile, 147 x 172 cm, pinacothèque de Brera, Milan.

CRÉDITS PHOTOGRAPHIQUES
Toutes les sources sont indiquées dans les légendes sauf : OSVALDO BÖHM, VENISE : couverture, 10 haut ; PHOTOGRAPHIE © R.M.N. : dos couverture ; ARTEPHOT/BRIDGEMAN ART LIBRARY : 2 ; SCALA, FLORENCE : 4, 5, 6, 7, 9, 10 bas, 11, 13, 15, 17, 19, 21, 23, 27, 28, 31, 33, 35, 37, 41, 43, 45, 47, 49, 51, 53, 54, 55, 57, 59, 61 ; ALINARI/GIRAUDON : 8 haut et bas ; DAGLI ORTI : 29, 39.

MAQUETTE : D. A. Graphisme/Daniel Arnault.

ISBN : 2-7335-0238-7
ISSN : 1243-4434

Imprimé en France par I.M.E. - 25110 Baume-les-Dames
N° d'impression : 10280
N° d'éditeur H 238-01 - Dépôt légal : Septembre 1995